Matthias Clausen

Weisheit der Bibel

Sprüche und Prediger

BRUNNEN
Verlag GmbH · Giessen

Der Autor:
Prof. Dr. Matthias Clausen, Jg. 1972, ist evangelischer Theologe. An der Evangelischen Hochschule Tabor in Marburg lehrt er Praktische Theologie und Systematische Theologie. Als Referent des SMD-Instituts für Glaube und Wissenschaft (IGUW) hält er Vorträge in ganz Deutschland und darüber hinaus. Er lebt mit seiner Familie in Marburg.

3. Auflage 2019

Lektorat: Renate Hübsch
Umschlagmotiv: shutterstock
Umschlaggestaltung: Lena Gresser
Satz: Uhl + Massopust, Aalen
Druck: Basse Druck, Hagen
ISBN 978-3-7655-0776-2

www.brunnen-verlag.de

Inhalt

Verzeichnis der Abkürzungen

Altes Testament

1 Mo	Das erste Buch Mose
2 Mo	Das zweite Buch Mose
3 Mo	Das dritte Buch Mose
4 Mo	Das vierte Buch Mose
5 Mo	Das fünfte Buch Mose
Jos	Das Buch Josua
Ri	Das Buch über die Richter
Ruth	Das Buch Ruth
1 Sam	Das erste Buch Samuel
2 Sam	Das zweite Buch Samuel
1 Kön	Das erste Buch über die Könige
2 Kön	Das zweite Buch über die Könige
1 Chr	Das erste Buch der Chronik
2 Chr	Das zweite Buch der Chronik
Esra	Das Buch Esra
Neh	Das Buch Nehemia
Est	Das Buch Esther
Hiob	Das Buch Hiob
Ps	Die Psalmen
Spr	Die Sammlung der Sprüche
Pred	Der Prediger Salomo
Hld	Das Hohelied
Jes	Der Prophet Jesaja
Jer	Der Prophet Jeremia
Hes	Der Prophet Hesekiel
Dan	Der Prophet Daniel
Hos	Der Prophet Hosea
Joel	Der Prophet Joel
Am	Der Prophet Amos
Ob	Der Prophet Obadja
Jona	Der Prophet Jona
Mi	Der Prophet Micha
Nah	Der Prophet Nahum
Hab	Der Prophet Habakuk
Zef	Der Prophet Zefanja
Hag	Der Prophet Haggai
Sach	Der Prophet Sacharja
Mal	Der Prophet Maleachi

Neues Testament

Mt	Das Evangelium nach Matthäus
Mk	Das Evangelium nach Markus
Lk	Das Evangelium nach Lukas
Joh	Das Evangelium nach Johannes
Apg	Die Apostelgeschichte
Röm	Der Brief des Paulus an die Christen in Rom
1 Kor	Der erste Brief des Paulus an die Christen in Korinth
2 Kor	Der zweite Brief des Paulus an die Christen in Korinth
Gal	Der Brief des Paulus an die Christen in Galatien
Eph	Der Brief des Paulus an die Christen in Ephesus
Phil	Der Brief des Paulus an die Christen in Philippi
Kol	Der Brief des Paulus an die Christen in Kolossä
1 Thess	Der erste Brief des Paulus an die Christen in Thessalonich
2 Thess	Der zweite Brief des Paulus an die Christen in Thessalonich
1 Tim	Der erste Brief des Paulus an Timotheus
2 Tim	Der zweite Brief des Paulus an Timotheus
Tit	Der Brief des Paulus an Titus
Phlm	Der Brief des Paulus an Philemon
Hebr	Der Brief an die Hebräer
Jak	Der Brief des Jakobus
1 Petr	Der erste Brief des Petrus
2 Petr	Der zweite Brief des Petrus
1 Joh	Der erste Brief des Johannes
2 Joh	Der zweite Brief des Johannes
3 Joh	Der dritte Brief des Johannes
Jud	Der Brief des Judas
Offb	Die Offenbarung an Johannes

Fragen zu diesem Kurs

Zielsetzung

1. Worum geht es in diesem Kurs? Um drei Ziele, die alle gleich wichtig sind.

a. Nahrung für die Seele. – „Der Mensch lebt nicht vom Brot allein, sondern von dem Wort, das Gott spricht.“ In seinem Wort stellt Gott sich uns vor. Hier können wir ihn kennenlernen. Wer mehr über Gott und den christlichen Glauben erfahren will, muss sich mit der Bibel beschäftigen. Wer als Christ im Glauben wachsen will, muss sich aus dem Wort Gottes „ernähren“.

b. Gemeinschaft. – Im Gespräch über Glaubensfragen und Lebenserfahrungen kommen wir einander näher und können zu einer Gemeinschaft zusammenwachsen, in der man sich im Alltag und im Glauben gegenseitig trägt und unterstützt.

c. Wachstum. – Dieser Kurs wendet sich auch an Menschen, die bisher mit dem christlichen Glauben noch wenig in Berührung gekommen sind. Wenn Sie immer wieder andere zu Ihren Treffen einladen, kann die Gruppe wachsen, bis eine Teilung nötig wird. Beide neuen Kreise sollen ebenso wachsen, bis sie zu groß sind und sich teilen – und so weiter.

Teilnehmer

2. Für wen soll dieser Gesprächskreis sein?

- Für Menschen, die Fragen an das Leben haben und wissen möchten, ob der christliche Glaube ihnen weiterhelfen kann.
- Für Menschen, die sich – neu oder wieder – intensiver mit dem christlichen Glauben beschäftigen wollen.
- Für Menschen, denen Kirche und Glauben fremd geworden sind, die aber nach einem neuen Zugang zum Glauben suchen.
- Für Menschen, die mit Schwierigkeiten und Problemen zu kämpfen haben und eine Gruppe suchen, die Unterstützung und Zusammenhalt bieten kann.
- Für Christen, die die Bibel besser kennenlernen und tiefer verstehen wollen.
- Für Menschen, die im Gespräch über Glaubensfragen und im Gebet füreinander in ihrem Glauben wachsen möchten.

Der erste Schritt

3. Wie sollen wir anfangen? Machen Sie sich eine Liste mit den Namen, die Ihnen jetzt als mögliche Teilnehmer einfallen. Hängen Sie die Liste an einen Platz, an dem Ihr Blick immer wieder einmal darauf fällt. Lassen Sie sie dort, bis Sie alle, die Sie auf Ihrer Liste notiert haben, gefragt haben, ob sie Interesse an einem solchen Gesprächskreis haben.

Das erste Treffen

4. Was geschieht beim ersten Treffen? Sie lernen einander als neue Gruppe kennen bzw. begrüßen neue Mitglieder, wenn Ihre Gruppe schon länger besteht. Sie sprechen über Ihre Erwartungen an diesen Kurs und vereinbaren „Spielregeln“, die in der Gruppe gelten sollen.

Spielregeln

5. Wie entsteht die Vereinbarung über die Spielregeln? Sprechen Sie über die nachfolgenden Fragen, und notieren Sie die Punkte, bei denen Sie Einigung erzielen. So können Sie am Ende des Kurses gut beurteilen, ob Sie Ihre Ziele erreicht haben.

- Was ist der Zweck Ihrer Treffen?
- Wie oft wollen Sie sich treffen? (Dieser Kurs bietet Ihnen Gesprächsanregungen für 10 Treffen. Wenn Sie sich danach weiterhin treffen wollen, verlängern Sie einfach Ihre Abmachung.)
- Wo wollen Sie sich treffen?
- Um welche Uhrzeit sollen die Treffen beginnen und wie lange sollen sie dauern?
- Welchen Rahmen wollen Sie Ihren Treffen geben? Soll es Getränke und etwas zum Knabbern geben? Wer ist dafür zuständig?

Hilfreich ist es, wenn Sie außerdem **Regeln für das Gespräch in der Gruppe** vereinbaren. Dazu könnten folgende Vereinbarungen gehören:

- Was in diesem Kreis gesagt wird, ist vertraulich und wird nicht nach außen getragen.
- Wir reden nicht übereinander, sondern miteinander.
- Gesprächsbeiträge werden nicht bewertet; jeder Teilnehmer wird mit seiner Meinung ernst genommen.
- Es gibt keine „unmöglichen" Positionen. Wenn es Meinungsunterschiede gibt, begründet jeder seine eigene Sicht.

- ____________________________
- ____________________________
- ____________________________
- ____________________________

Sie können ergänzen, was Ihnen sonst noch für Ihre Gruppe wichtig zu sein scheint.

Zeitlicher Rahmen

6. Wie lange dauert ein Treffen? Die Mindestzeitangaben für die einzelnen Bausteine des Treffens sind für Gruppen gedacht, die nur eine Stunde zusammen sein können. Wenn Sie mehr Zeit zur Verfügung haben, verlängern Sie die angegebenen Zeiten einfach entsprechend.

7. Warum verabreden Sie sich zunächst nur für eine bestimmte Anzahl von Treffen? Weil es leichter ist, sich für einen überschaubaren Zeitraum für eine Sache zu entscheiden und sie wirklich durchzuhalten, als eine Verpflichtung auf unbestimmte Zeit einzugehen. Wenn Sie nach Abschluss des Kurses weiter als Gruppe zusammenbleiben wollen – umso besser.

Gesprächsinhalt

8. Was wird bei den Treffen besprochen? Die Einheiten dieses Gesprächsleitfadens führen in die Weisheitsliteratur des Alten Testaments ein. Anhand einiger ausgewählter Texte aus den Büchern Sprüche und Prediger geht es um Fragen wie:

- Was ist in der Bibel mit Weisheit eigentlich gemeint?
- Warum und wie hilft sie, gerade das Leben im Alltag zu meistern?
- Was unterscheidet biblische von weltlicher Weisheit? Welche Rolle spielt der Blick auf Gott?
- Wie kommt es, dass das Buch Prediger dabei zunächst ganz anders und viel nüchterner klingt als das Buch Sprüche?

Das Inhaltsverzeichnis auf Seite 3 bietet eine Übersicht über die Texte und Themen.

Bibelkenntnis

9. Und wenn jemand in der Gruppe wenig von der Bibel weiß? Prima! Dafür ist die Gruppe ja da. Die ERLÄUTERUNGEN geben Ihnen Hinweise zum Verständnis größerer Zusammenhänge, einzelner Ausdrücke, geschichtlicher Hintergründe oder wichtiger Personen im Text. Greifen Sie immer dann auf die Erläuterungen zurück, wenn der Sinn des Textes sich nicht von selbst erschließt.
Bibel dabeihaben. Die Texte, auf die sich dieses Heft bezieht, sind in den einzelnen Einheiten abgedruckt. Weil aber auch immer wieder einmal auf weitere biblische Zusammenhänge verwiesen wird, ist es gut, wenn die Teilnehmer auch eine Vollbibel dabeihaben, um entsprechende Stellen nachschlagen zu können.

„Hausaufgaben"

10. Was muss ich sonst noch tun? Nichts, wenn Sie nicht wollen. Aber Sie können über das hinausgehen, was in der Gruppe besprochen wird. Nicht immer werden Sie alle *Erläuterungen* gemeinsam in der Gruppe lesen und diskutieren können. Wenn Sie die Zusatzinformation voll ausschöpfen möchten, haben Sie dafür zwei Möglichkeiten:

- Lesen Sie Text und Erläuterungen vorbereitend zu Hause. Oder:
- Vertiefen Sie das Gespräch über einen Text im Anschluss an Ihr Gruppentreffen. Lesen Sie den Text noch einmal im Zusammenhang und nehmen Sie sich Zeit, die Erläuterungen zu studieren.

Der Traum

11. Der Traum, der dahintersteckt: Menschen treffen sich und wachsen zu einer tragfähigen Gemeinschaft zusammen, in der jeder eine Heimat findet und in seinen Freuden und Schwierigkeiten angenommen ist. Menschen kommen zusammen, reden über ihr Leben und ihren Glauben und begegnen der Bibel – egal, ob sie Kirchenmitglieder sind, vom Glauben bisher viel oder wenig wissen, ob sie Christen sind oder nicht.

„Serendipity"

12. Was heißt Serendipity? „Die Gabe, zufällig glückliche Entdeckungen zu machen". Genau darum geht es beim Kursmaterial „Serendipity bibel": Menschen kommen ins Gespräch über das Leben und den Glauben, tauschen Erfahrungen aus, setzen sich mit Fragen nach Gott und der Welt, nach Glauben und Bibel auseinander und machen dabei – möglicherweise sogar ganz unvermutet – wertvolle Entdeckungen für ihr Leben.

Hinweise für Gruppenleiter

13. Weitergehen. Weitere Materialien für Bibelgesprächskreise und Kurshefte zu vielen biblischen Themen finden Sie auf unserer Homepage:
www.brunnen-verlag.de/buecherwelt/serendipity.html

Grundlagenliteratur zum Thema Kleingruppen können Sie als free content herunterladen unter *www.brunnen-verlag.de/blog/download_serendipity*

Hier finden Sie u.a. folgende Materialen kostenlos zum Download:

- *Kleingruppen in der Gemeinde*
- *Gründung einer Kleingruppe*

Wie verläuft ein Treffen?

Jedes Treffen besteht aus drei Teilen:

EINSTIEG
(15–20 Minuten)

Der **Einstieg** bietet Hilfen an, um sich untereinander kennenzulernen und ins Gespräch zu kommen. Die Impulse in diesem Teil zielen darauf ab, mehr voneinander zu erfahren, damit gute Beziehungen untereinander wachsen können.

BIBELGESPRÄCH
(30–40 Minuten)

Lesen Sie den **Bibeltext** zunächst gemeinsam. Die **Fragen** in diesem Teil beziehen sich auf den Bibeltext. Sie helfen, ihn zu erschließen, und geben Ihnen einen Leitfaden für Ihr Gespräch. Greifen Sie immer dann auf die **Erläuterungen** zurück, wenn der Sinn des Textes sich nicht von selbst erschließt.

Sie werden vielleicht nicht alle Fragen in der zur Verfügung stehenden Zeit ansprechen können. Wählen Sie dann einfach die aus, die Ihrer Gruppe am wichtigsten erscheinen.

Wenn Ihre Gruppe recht groß ist, können Sie auch überlegen, ob Sie sich für das Bibelgespräch – immer oder hin und wieder – in kleinere Gruppen (etwa zu viert) aufteilen. Das gibt jedem Einzelnen die Möglichkeit, häufiger zu Wort zu kommen.

Wichtig: Zu manchen Fragen möchten Sie sich vielleicht nicht in der Gruppe äußern. Geben Sie aber Ihre Antwort für sich persönlich. Natürlich hat jeder die Freiheit, nur das mitzuteilen, was er wirklich möchte.

AUSTAUSCH UND GEBET
(15–30 Minuten)

Hier ist Gelegenheit, den Text noch einmal ganz persönlich auf sich wirken zu lassen und, wenn Sie möchten, persönliche Anliegen anzusprechen. Dieser **Austausch** und das gemeinsame **Gebet** füreinander dienen ganz entscheidend dem Zusammenwachsen und dem Aufbau einer tragfähigen Gemeinschaft.

Beenden Sie Ihr Treffen mit einem gemeinsamen Gebet, wenn alle damit einverstanden sind. Wenn Ihre Gruppe keine Erfahrung mit dem gemeinsamen Gebet hat, kann auch die Gesprächsleiterin oder ein Teilnehmer ein abschließendes Gebet sprechen.

Einführung: Weisheit in der Bibel

„Zwei Dinge sind unendlich, das Universum und die menschliche Dummheit. Bei dem Universum bin ich mir aber nicht so sicher." (Albert Einstein)

Dass Weisheit nötig ist und vielfach schmerzlich fehlt, darüber besteht weithin Einigkeit. Nur was wahre Weisheit ausmacht und kennzeichnet, darüber gehen die Meinungen auseinander. Umso interessanter ist, was die Bibel zum Thema zu sagen hat. Weisheit gehört nämlich mit zu ihren roten Fäden. Und entgegen gängiger Bilder ist Weisheit aus biblischer Sicht nichts Abgehobenes und Weltfernes. Der beispielhaft weise Mensch muss weder alt noch wortkarg sein noch einen beeindruckenden Bart haben.

Wahre Weisheit

Weisheit ist vielmehr die Fähigkeit, das eigene Leben vor Gott klug und richtig zu gestalten. Dazu gehören: der Blick für den eigenen Platz vor Gott und im Miteinander der Menschen, Redlichkeit und Geschick im Umgang mit anderen, Einsicht in die eigene Fehlbarkeit, Weitsicht im Planen, Realismus im Blick auf das, was sich überhaupt planen lässt, und vieles mehr, kurz: Lebensklugheit.

Solches Nachdenken über die wahre Weisheit findet sich in der Geschichte Israels und seiner Umwelt schon früh. Es stimmt also nicht ganz, was man in der neuzeitlichen Auslegungsgeschichte der Bibel zum Teil angenommen hat: dass das sogenannte „weisheitliche Denken" erst eine junge Entwicklung sei, die nach der Rückkehr Israels aus dem babylonischen Exil eingesetzt habe und besonders von der griechischen Antike beeinflusst sei.

Die biblischen Texte sprechen hier eine andere Sprache. Im Buch Sprüche finden sich z. B. deutliche Anklänge an weisheitliche Texte aus der Umwelt Israels, besonders aus Ägypten, die viele Jahrhunderte früher entstanden sind, möglicherweise noch vor der Zeit der Erzeltern Israels (s. u.). Wir können schon deswegen davon ausgehen, dass weisheitliches Denken auch in Israel schon deutlich vor der Zeit des Exils anzutreffen war.

Der beispielhaft weise Mensch der Frühzeit Israels ist nach biblischer Auskunft denn auch Josef: Lange bevor Israel überhaupt zum eigenen Staat wird, kommt Josef als einfacher Mann auf Umwegen an den Hof des ägyptischen Pharaos, macht dort Karriere und kombiniert dabei ägyptisches Erfahrungswissen mit israelitischem Gottesglauben.

Weisheit in Israel und in seiner Umwelt

Für die Personen und Autoren der Bibel ist es also grundsätzlich kein Problem, für ihr Nachdenken über Weisheit auch aus außerbiblischen Quellen zu schöpfen. Wahres bleibt wahr, unabhängig davon, von wem es gesagt wird. Das heißt aber nicht, dass die Bibel das Gedankengut umgebender Kulturen einfach unbesehen kopiert. Nichts, was von außen übernommen wird, bleibt unverändert.

Folgendes ist typisch, ja zum Teil einzigartig, wenn die Bibel über Weisheit spricht:

- „Ehrfurcht vor dem HERRN ist der Anfang jeder Erkenntnis" (Spr 1,7). Weisheit ist für die Bibel bei aller Praxisnähe immer zuerst der Blick für die eigene **Stellung vor Gott**: ganz auf ihn angewiesen, ganz auf ihn ausgerichtet.

- Auch in der Umwelt von Israel, im alten Ägypten oder in Babylon, ist in weisheitlichem Denken die Rede von Gott oder von Göttern. Aber das **Gottesbild** ist ganz anders: Was die Götter wollen oder welchen Gott man wodurch erfreuen oder erzürnen könnte, das ist hier oft unklar und beunruhigt die Menschen. Weisheitliches Denken enthält dann Ratschläge, wie man mit dieser Unklarheit am besten umgehen kann. Ganz anders in der Bibel: Bei aller Einsicht in die Grenzen des eigenen Wissens – *wer* der Gott ist, der am Ende die Antwort weiß, und ob dieser Gott verlässlich ist – das ist klar.
- Weisheit im Alten Testament ist oft erfrischend alltäglich – aus langjähriger Erfahrung heraus werden Empfehlungen gegeben zum Umgang mit anstrengenden Zeitgenossen, eigenen Fehlleistungen u. v. m. Manches klingt fast wie antike Selbsthilfe-Literatur („5 Schritte zu einem weisen Leben"). Und doch geht es nie um bloße Erfolgsrezepte. Für den weisen Menschen der Bibel geht vielmehr immer **Gerechtigkeit vor Zweckmäßigkeit.**
  So spielen etwa im Buch der Sprüche Redlichkeit im Handel und Fürsorge für die Armen eine große Rolle. Hier ist die Botschaft der Weisheit ganz nah an der Botschaft der Propheten Israels.
- Wahre Weisheit weiß immer auch um ihre **Begrenztheit**: „Verlass dich nicht auf deine eigene Urteilskraft, sondern vertraue voll und ganz dem Herrn!" (Spr 3,5) – Das ist selbst ein weisheitlicher Satz.
  Er ist also nicht Ausdruck von Resignation oder Denkfaulheit; schon gar nicht soll Frömmigkeit gegen Nachdenklichkeit ausgespielt werden. Im Gegenteil: Gerade wer wirklich weise ist, wer tief und gründlich nachgedacht hat, wird wissen, dass die eigene Einsicht begrenzt und fehlbar ist. Umso klüger ist es, sich zuletzt immer auf Gott zu verlassen.
- Gottes Weisheit ist für die Bibel so wichtig und so wirksam, dass sie **fast selbst als Person** beschrieben wird, in Sprüche 8. Wer diesen Text neben den Anfang des Johannesevangeliums legt, wird erstaunliche Parallelen feststellen: Wie das Neue Testament in Joh 1 von Jesus redet, wurde sprachlich bereits im Alten Testament vorbereitet. Auch inhaltlich macht dies Sinn: Im Alten Testament ist Gottes Weisheit *fast*, im Neuen Testament *ist* sie Person, sie ist konzentriert in Gottes Sohn: „Christus ist das Ebenbild des unsichtbaren Gottes" (Kol 1,15) – und in diesem Christus „sind alle Schätze der Weisheit und der Erkenntnis verborgen" (Kol 2,3).

Zur weisheitlichen Literatur in der Bibel gehören neben den Sprüchen vor allem die Bücher Prediger, Hiob und das Hohelied. Hinzu kommen Bücher aus der Zeit zwischen Altem und Neuem Testament, die sogenannten Apokryphen, hier vor allem das Buch der Weisheit. Auch in vielen anderen biblischen Büchern finden sich weisheitliche Texte, besonders in den Psalmen sowie z. B. auch in der Josef-Erzählung in 1. Mose (s. o.).

Das alles würde einen vertieften Einblick lohnen. Aber für eine überschaubare Gesprächsreihe müssen wir uns natürlich konzentrieren: auf zentrale, beispielhaft weisheitliche Texte aus den Büchern Sprüche und Prediger.

Das Buch der Sprüche

Bei den Sprüchen denken erfahrene Bibelleser schnell an Salomo. Nach eigener Auskunft des Buches haben aber **mehrere Autoren** an dieser Schrift mitgewirkt. Schon die einleitenden Sätze (Kap. 1,2-6) machen klar, dass das Buch vor allem eine Anleitung zum weisen Leben sein möchte, nicht eine Sammlung von Sprüchen eines einzelnen Lehrers. (Hierbei und auch im Folgenden orientiere ich mich besonders am Kommentar von Derek Kidner: *Proverbs*, TOTC, Nottingham 1964/2008.)

Drei Autoren der Sprüche werden namentlich benannt: Salomo, Agur und Lemuel. Ab Kap. 22,17 werden außerdem anonyme „Weise" als Autoren einer Sprüchesammlung angeführt. Dieser Teil zeigt zudem eine deutliche Nähe zur altägyptischen Lehre des Amenemope (um 1000 v. Chr.). Die Ähnlichkeiten zu diesem Text sind gut erkennbar, allerdings mit spezifisch biblischer Bearbeitung und Zuspitzung (s. o.). Auch im Buch der Sprüche ist Weisheit also Teamwork. Entscheidend ist nicht die Quelle, sondern der Wahrheitswert eines Gedankens.

Der **Aufbau** des Buches (nach Derek Kidner):

1,1-7	Titel und Einleitung
1,8-9,18	Worte eines Vaters an seinen Sohn
10,1-22,16	Worte Salomos
22,17-24,34	Worte weiser Männer
25,1-29,27	Weitere Worte Salomos
30,1-33	Worte Agurs
31,1-9	Worte Lemuels
31,10-31	Lob der weisen Frau

Was die **Abfassungszeit** des Buches angeht, muss man unterscheiden zwischen der Entstehungszeit der verschiedenen Abschnitte und dem Zeitpunkt ihrer Zusammenfassung in ein ganzes Buch. Letzterer lässt sich kaum sicher entscheiden, über die einzelnen Teile lässt sich aber mehr sagen:

Die Kap. 1–9 und 22–24 sind möglicherweise sehr alt, mit Wurzeln schon in der Frühzeit Israels, noch vor dem Königtum Salomos. Kap. 10–22 werden ausdrücklich auf die Zeit Salomos selbst zurückgeführt. Die folgenden Teile des Buches sind wohl erst später entstanden bzw. zusammengestellt worden; so erwähnt 25,1 ausdrücklich die Männer Hiskias (des Königs) als Sammler der folgenden Worte. Für die Endfassung wurden dann wahrscheinlich Kap. 1–9 als Eröffnung voran und Kap. 30–31 als Abschluss ans Ende gestellt.

Für diese Gesprächsreihe habe ich sechs Abschnitte ausgewählt, die wesentliche Themen der Sprüche vorstellen:

3,1-26	Verlass dich ganz auf Gott
6,1-19	Wer redlich ist, ist weise
8,1-11.22-36	Frau Weisheit lädt ein
16,1-18	Von Salomo lernen
22,1-16	Reich und arm und weise
31,10-31	Lob der weisen Frau

Das Buch Prediger

Wer nach Sprüche 31 sofort bei Prediger 1 weiterliest, wird einen Wechsel im Tonfall feststellen: Eben noch das Lob eines klugen und gottesfürchtigen Lebens, das bei aller Nüchternheit getragen ist von der Zuversicht: Weisheit lohnt sich; sie ist nützlich; sie hilft zu einem guten und sinnvollen Leben.

Und jetzt: „Alles ist vergänglich und vergeblich, sagte der Prediger, nichts hat Bestand, ja, alles ist völlig sinnlos!" (Pred 1,2) So geht es mehrere Kapitel lang. Nicht einmal die Weisheit selbst ist ausgenommen (1,12-18). Wie ist das zu verstehen?

Das Buch Prediger betont zunächst die **Schattenseite der Weisheit**: die Einsicht in die eigene menschliche Begrenztheit. Wir wissen vieles nicht, sehen oft auch wenig Sinn in unserem Tun. Auch diese Einsicht ist nun selbst – wiederum – eine Frucht des Nachdenkens. Wer sie nicht teilt, beweist damit gerade, wie unweise er ist. Und wer sie teilt, muss darum noch lange nicht verzweifeln. Denn er ist mit seiner Ratlosigkeit eben nicht allein, sondern im Gespräch mit Gott.

So ernüchternd gerade die Eröffnung des Buches Prediger also klingt – die Pointe des Buches ist am Ende *nicht*: „Es nutzt sowieso alles nichts, also denken wir nicht weiter darüber nach“, sondern: „Auch *wenn* wir nicht alles verstehen, wenn vieles ergebnislos und frustrierend wirkt – leben wir einfach dankbar mit dem, was wir begriffen haben, und geben alles andere an Gott ab.“

Das ist weisheitliches Leben sozusagen diesseits des Himmels, in **Wartestellung**: Die entscheidende Selbstmitteilung Gottes steht noch aus – eines Tages wird er selbst als Mensch zu seinen Menschen kommen. Auch dann werden nicht sofort alle Fragen beantwortet werden, aber dann bekommt die Antwort ein Gesicht (Joh 16,23). Diese abwartende Haltung blitzt im Buch Prediger immer wieder auf: Menschen spüren, bei allen ungelösten Fragen, dass Gott mit ihnen in Ewigkeit noch mehr vorhat (Pred 3,11).

Im jüdischen Festkalender gehört das Buch Prediger zum Laubhüttenfest (Sukkot) und wird aus diesem Anlass vorgelesen. „Die Laubhütte (sukka) symbolisiert die Vergänglichkeit und das Dahinwelken aller Pflanzen. Diese Grundaussage der Vergänglichkeit alles Irdischen ... ist auch diejenige des Buches“ (Matthias Augustin / Jürgen Kegler: *Bibelkunde des Alten Testaments*, Gütersloh 1987, 315).

Wer ist der **Autor** und wann war die **Abfassungszeit** des Buches? (Im Folgenden orientiere ich mich am Kommentar von Michael A. Eaton: *Ecclesiastes*, TOTC, Nottingham 1983/2009.)

Stammt das Buch von König Salomo? So klingt jedenfalls 1,1. Bei näherem Hinsehen ist dies aber nicht so eindeutig. „Sohn Davids“ heißt in Israel jeder Nachkomme Davids auf dem Thron. Und der Name Salomo wird im Buch ansonsten tunlichst vermieden. Durchgängig wird einfach von einem namenlosen „Prediger“ als Urheber gesprochen, und das in der dritten Person: 1,2; 7,27 und 12,8 („sagte/sagt der Prediger“) und vor allem das Nachwort in 12,9-14 zeigen an, dass das Buch selbst von einem Begleiter geschrieben wurde, der die Lehre des Predigers festhielt.

In der neuzeitlichen Auslegung des Buches hat man vielfach angenommen, dass die Sprache oder Inhalte des Buches eine große Nähe zu pessimistischer Literatur in der griechischen Philosophie aufweisen. Dann wäre das Buch erst wenige Jahrhunderte vor Christus entstanden. Das lässt sich heute aber nicht mehr halten. Die Themen des Buches finden sich in der Weisheitsliteratur auch der Umwelt Israels schon weitaus früher. Das Material des Buches kann also durchaus schon aus der Königszeit Israels vor dem Exil stammen.

Denn auch wenn Salomo nicht ausdrücklich als Autor benannt wird, sind die Anklänge an ihn ja kein Zufall. Er gilt eben als der beispielhaft weise König. Michael Eaton sagt dazu:

„Das Vermeiden des Namens muss daher rühren, dass der Herausgeber-Autor die Dinge auf seine Weise ausdrückt und darauf verzichtet, ein Werk Salomo direkt zuzuschreiben. Dennoch gilt ihm sein Material zugleich als das Salomos; es ist das, was Salomo gesagt hätte, wenn er sich mit dem

Thema Pessimismus auseinandergesetzt hätte." (*Ecclesiastes*, Kap. 2, Übersetzung M. C.)

Der **Aufbau** des Buches (im Anschluss an Matthias Augustin und Jürgen Kegler: *Bibelkunde des Alten Testaments*, 315):

1,1	Titel
1,2 – 3,15	Der ewige Kreislauf
3,16 – 6,12	Alle haben das gleiche Schicksal
7,1 – 9,18	Die Folgerung: Genießt das Leben!
10,1 – 12,8	Klugheitsregeln
12,9-14	Nachwort des Herausgebers

Folgende vier Abschnitte habe ich für unsere Gesprächsreise ausgesucht. Mit ihrer Hilfe bekommt man einen guten Einblick in das ganze Buch:

1,1-18	Was bringt's?
3,1-15	Alles hat seine Zeit
9,1-10	Mit offenen Fragen gut leben
12,1-14	Das letzte Wort

Es ist spannend, dass es ein auf den ersten Blick so pessimistisches Buch in den Kanon der Heiligen Schrift „geschafft" hat. Auch diese Stimme hat also ihren Platz, auch diese Gefühlslage ist im Glauben „erlaubt". Wichtig ist, dass Ratlosigkeit und Ernüchterung hier nicht einfach für sich stehen, sondern *in* der Beziehung mit Gott durchlebt werden. So bleibt die Gewissheit: Was immer im menschlichen Leben unklar oder unbefriedigend bleibt, das letzte Wort haben nicht unsere Fragen, sondern das letzte Wort hat Gott – kein anderer als der Gott Israels, der in Jesus Mensch geworden ist.

Verlass dich ganz auf Gott

1

Sprüche 3,1-26

1. Welche Tricks setzen Sie ein, wenn Sie etwas Wichtiges auf keinen Fall vergessen möchten?

2. Wann haben Sie sich zuletzt gründlich geirrt – und haben es (logischerweise) erst im Nachhinein bemerkt?

3. Wann haben Sie sich zuletzt über die Kritik eines anderen an Ihrem Verhalten so richtig geärgert – und hinterher mussten Sie einräumen: Der Kritiker hatte „leider" recht?

4. „Dummheit macht glücklich" – stimmt das eigentlich? Oder fallen Ihnen Beispiele ein, die für das Gegenteil sprechen: Wer klug ist, wird auf Dauer glücklicher sein?

EINSTIEG

(15–20 Minuten). Wählen Sie bitte eine oder zwei Fragen aus.

Vergiss nie, was du gelernt hast!

BIBELTEXT

1 Mein Sohn, vergiss meine Weisung nicht,
bewahre meine Gebote im Gedächtnis.
2 Dann werden dir erfüllte Tage
und viele Lebensjahre geschenkt,
und es wird dir gut gehen.
3 Sei anderen gegenüber gütig und treu.
Trage meine Gebote wie eine Kette um deinen Hals
und schreibe sie dir ins Herz
wie auf eine Tafel.
4 Dann wirst du Gunst und Ansehen finden
bei Gott und bei den Menschen.
5 Vertraue dem HERRN von ganzem Herzen
und verlass dich nicht auf dein eigenes Urteilsvermögen.
6 Achte auf ihn, was immer du tust,
dann ebnet er dir den Weg.
7 Halte dich nicht selbst für weise,
sondern hab Ehrfurcht vor dem HERRN und meide das Böse.
8 Das ist gut für deine Gesundheit
und gibt Kraft wie ein erfrischendes Getränk.
Erweise dem HERRN Ehre mit deinem Besitz,

überlass ihm die besten Früchte deiner Ernte.
10 Dann werden deine Vorratskammern reichlich gefüllt sein,
und der Most in deinen Fässern wird überfließen.
11 Mein Sohn, wehre dich nicht,
wenn der HERR dich streng erzieht!
Sei nicht aufgebracht, wenn er dich zurechtweist.
12 Denn wen der HERR liebt,
den erzieht er mit der nötigen Strenge,
so wie ein Vater seinen Sohn, den er gern hat.

Wertvoller als der größte Reichtum

13 Glücklich zu preisen ist, wer Weisheit gefunden
und Einsicht erlangt hat!
14 Denn was man durch sie gewinnt, ist besser als Silber,
sie ist mehr wert als Gold.
15 Kostbarer ist sie als Korallen
und dein ganzer wertvoller Besitz
hält keinem Vergleich mit ihr stand.
16 In ihrer rechten Hand hält sie langes Leben für dich bereit
und in ihrer linken Reichtum und Ehre.
17 Die Wege, die sie dich führt, sind angenehm,
und jeden ihrer Pfade kann man in Frieden gehen.
18 Für alle, die sie ergreifen, ist sie ein Baum des Lebens,
und glücklich zu preisen ist, wer an ihr festhält.
19 Der HERR hat mit Weisheit das Fundament der Erde gelegt
und den Himmel mit Verstand ausgespannt.
20 Durch seine Erkenntnis brachen unterirdische Quellen hervor,
und aus den Wolken träufelte der Regen.
21 Mein Sohn, achte auf Umsicht und Besonnenheit
und verliere sie nie aus den Augen.
22 Sie werden dir Leben geben
und dich schmücken wie eine schöne Halskette.
23 Durch sie wirst du sicher deinen Weg gehen,
dein Fuß wird nirgends anstoßen.
24 Wenn du dich zur Ruhe legst, schreckt dich nichts auf,
und wenn du eingeschlafen bist,
wird dein Schlaf erholsam sein.
25 Hab keine Angst vor plötzlichem Unglück,
auch nicht vor Unheil, das über die Gottlosen hereinbricht.
26 Denn der HERR ist deine Zuflucht,
er bewahrt dich davor, in eine Falle zu tappen.

BIBELGESPRÄCH

(30–45 Minuten). Wählen Sie ggf. unter den Fragen aus.

1. „Vergiss es nie“, setzt der Text an (V. 1). Wie hängen die folgenden Verse (3-11) mit dieser Aufforderung zusammen? Welche praktischen Schritte werden genannt, die beim Erinnern helfen?

2. Warum ist in V. 5 *nicht* gemeint, man solle möglichst wenig nachdenken? Was ist stattdessen gemeint (s. dazu V. 6f)?

3. Wie hängen Zurechtweisung und Liebe miteinander zusammen (V. 11)?

4. Warum ist Weisheit wichtiger als Reichtum (V. 13ff)? Und ist das in unserem Umfeld wirklich so selbstverständlich?

5. Wie wird das Verhältnis zwischen Reichtum und Wohlstand außerdem beschrieben (V. 17f)? Kennen wir Beispiele, die das bestätigen? Welches mögliche Missverständnis muss hier vermieden werden (s. dazu das Beispiel Hiobs)?

AUSTAUSCH

(15–30 Minuten). Wählen Sie ggf. unter den Fragen aus. Sie können das Gespräch mit einem gemeinsamen Gebet abschließen, in dem Sie auf mögliche Fragen und Anliegen Bezug nehmen, die im Gespräch deutlich geworden sind. Fragen, die nicht in der Gruppe thematisiert werden, können Ihnen auch als Anstoß dienen, zu Hause den Text vertiefend zu betrachten.

1. Welche geistliche Einsicht des letzten Jahres möchten Sie auf keinen Fall vergessen? Was können Sie tun, um sie zu „bewahren“ – Erinnerungshilfen anfertigen und/oder praktische Schritte unternehmen?

2. Wie erleben Sie das Verhältnis von klarer Ausrichtung auf Gott auf der einen Seite und materiellem Auskommen und stabilen Beziehungen auf der anderen? Stimmt die Gleichung „geistlich gesund“ = „ein gutes Leben“? Inwieweit ja, inwieweit nicht?

3. Welchen großen Irrtum oder Fehler, den Sie bei anderen miterleben mussten, möchten Sie in Ihrem eigenen Leben gerne vermeiden? Und was können Sie praktisch dafür tun, um entsprechend „vorzubeugen“?

V. 1-2. Mein Sohn. Wie in den Abschnitten zuvor wird Weisheitslehre hier als **Anrede eines Vaters an seinen Sohn** formuliert. Ob es sich um ein leibliches oder geistliches Vater-Sohn-Verhältnis handelt, ist unerheblich. Die Pointe ist: Weisheit wird im persönlichen Gespräch vermittelt als Weitergabe von Lebenserfahrung und als dringende Ermahnung, gerade weil dem Lehrer das Ergehen seines Schülers persönlich wichtig ist.

V. 3-4. Luther übersetzt hier näher am Urtext: „Hänge meine Gebote an deinen Hals und schreibe sie auf die Tafel deines Herzens" (3b). Das wird von konservativen Juden z. T. wörtlich umgesetzt, ist aber nicht unbedingt wörtlich zu verstehen (vgl. 2 Mo 13,9). Gemeint ist vielmehr: **‚Tu alles dafür, meine Worte nicht zu vergessen.'** Dazu gehören Gedächtnisstützen, aber vor allem die Umsetzung in die Lebenspraxis, in den Alltag mit Gott und Mensch (V. 4). Was man hier selbst erlebt hat, wird man umso besser behalten. Darum geht es auch im Folgenden.

V. 5-8. Die erste Aufforderung ist wieder ein Echo des Grundthemas des Sprüchebuchs (1,7): Anfang und Mitte der Weisheit ist die **Ausrichtung auf Gott.** Damit ist keineswegs gemeint, das eigene Nachdenken etwa zu unterlassen oder auch nur einzuschränken – s. V. 6! Vielmehr geht es zum einen um die Ausrichtung des Denkens: End-gültige Antworten erwartet der wahrhaft weise Mensch nur von Gott. Zum anderen geht es um begründete Bescheidenheit: Gott kann sich nicht irren. Ich als Mensch kann es durchaus (V. 7). Das einzukalkulieren ist wiederum gerade ein Zeichen von Klugheit.

V. 11-12. Der erste Unterabschnitt schließt mit einer Mahnung, die zur Textgattung passt (s. o. zu V. 1-2): Wie Eltern ihren Kindern gelegentlich liebevoll Grenzen setzen müssen, so tut es auch Gott. **Zurechtweisung kann nötig sein,** auch wenn sie selten willkommen ist: Auch die Grenzen, an die ich in meinem Leben stoße, *können* also zeigen, dass Gott an mir arbeitet und mich davon abhalten möchte, in die Irre zu gehen. Das zu entdecken ist allerdings meine eigene Aufgabe und kann mir nicht von anderen vorgeschrieben werden. Denn auch für weisheitliches Denken gibt es – diesseits des Himmels – das unerklärliche Leid, das man nicht mit dem „Lerneffekt" auf den Leidenden erklären kann.

V. 9-10.13-18. Immer wieder geht es im Buch der Sprüche auch um das richtige **Verhältnis zwischen Weisheit und Reichtum.** Ganz „unschuldig" kann Wohlstand als Segen gewertet werden (V. 10). Er stellt sich aber gerade dann ein, wenn die Prioritäten stimmen (V. 9). Das Vorbild ist Salomo selbst, der Gott zuerst um Weisheit bittet und daraufhin alles andere als Zugabe geschenkt bekommt (1 Kön 3). Daraus lässt sich natürlich kein Automatismus ableiten; zur Weisheitsliteratur des AT gehört eben auch das Buch Hiob, in dem die unverschuldete Armut eines vorbildlichen Menschen beklagt wird. Materielles Auskommen ist demnach niemals Selbstzweck, sondern bestenfalls unverhoffte Zugabe zu einem weisen Leben – die dann aber auch dankbar genossen werden darf.

V. 19-20. Der Blick geht in die Weite, auf das ***schöpferische Handeln Gottes.*** Dieselbe Weisheit, die in der Schöpfung am Werk war und ist, verspricht Gott Menschen, die sich ganz auf ihn ausrichten. Die „Totale" auf den Kosmos und der „Zoom" auf das Leben des Einzelnen stehen in diesen und den folgenden Versen in voller Absicht nebeneinander: Weisheit im Alltag soll die Weisheit des Schöpfers widerspiegeln.

V. 21-26. Hier wird der Adressat wieder direkt angesprochen, sein eigenes Leben ist im Blick. V. 21 ist ein Echo von V. 1 und wiederholt die Mahnung, nicht zu vergessen. Als Folgen eines weisen Lebens werden ***ganz praktische Vorteile*** in Aussicht gestellt: ein guter Ruf und gute Beziehungen zu anderen (V. 22); Zuversicht und die Gewissheit, unter Gottes Schutz zu stehen und auf dem richtigen Weg zu sein (V. 23.25-26); und nicht zuletzt ein guter Schlaf (V. 24). All das stellt sich – wie auch zuvor – nicht einfach automatisch ein. Und doch sind die Zusammenhänge nachvollziehbar: Wer mit anderen so umgeht, wie es die „Sprüche“ in den folgenden Kapiteln empfehlen, aufrichtig und verlässlich, dessen Beziehungen werden tatsächlich meist besser sein. Und wer weiß, wofür er lebt und dass Gott ihn beständig begleitet, wird in der Regel auch mehr innere Ruhe empfinden.

2 Wer redlich ist, ist weise

Sprüche 6,1-19

EINSTIEG

(15–20 Minuten). Wählen Sie bitte eine oder zwei Fragen aus.

1. Haben Sie schon einmal ein Versprechen gegeben, das Sie sofort hinterher bereut haben?

2. Sind Sie Langschläfer oder Frühaufsteher? Und welcher der beiden Schlaftypen hat aus Ihrer Sicht mehr vom Tag?

3. Gab es schon einmal eine richtig gute Gelegenheit, die Sie buchstäblich verschlafen haben?

4. Wann hatten Sie es zuletzt mit einem richtig unangenehmen Zeitgenossen zu tun (und darf man das als Christ überhaupt so deutlich sagen)?

BIBELTEXT

Warnung vor einer Bürgschaft

1 Mein Sohn, hast du für jemand, den du kennst,
eine Bürgschaft übernommen?
Hast du dich bei einem Fremden mit Handschlag verpflichtet,
notfalls für die Schulden deines Bekannten aufzukommen?
2 Wenn du an deine Zusage gebunden bist
und dein Versprechen nicht mehr zurücknehmen kannst,
3 dann hat dein Bekannter dich in der Hand.
Rette dich aus dieser Lage, mein Sohn, und tu Folgendes:
Geh so schnell wie möglich zu ihm
und beknie ihn, dass er seine Schulden bezahlt.
4 Gönn deinen Augen keinen Schlaf mehr
und schließe sie nicht mal einen Moment.
5 Reiß dich los wie eine Gazelle aus der Hand des Jägers
und wie ein Vogel aus der Hand des Vogeljägers.

Warnung vor der Faulheit

6 Beobachte die Ameise, du Faulpelz!
Nimm ihr Verhalten zum Vorbild, damit du weise wirst.
7 Sie hat keinen Anführer,
keinen Aufseher oder Vorgesetzten,

8 und doch sorgt sie im Sommer für ihre Nahrung
und sammelt in der Erntezeit ihre Vorräte ein.
9 Wie lange willst du Faulpelz noch liegen bleiben?
Wann stehst du endlich auf?
10 „Ein bisschen will ich noch schlafen“, sagst du,
„nur ein kleines Nickerchen halten,
mal kurz die Hände in den Schoß legen
und mich ausruhen“ –
11 da ist schon die Armut im Anmarsch,
und die Not überfällt dich wie ein bewaffneter Mann.

Faulpelz: Inaktivität → Haltung der Dummheit

Heißt nicht: Jede Armut ist Folge von Faulheit (14,31; 17,5; 19,1.17.22; ...)

Warnung vor dem Nichtsnutz

12 Wer umhergeht und Lügen verbreitet,
ist ein nichtsnutziger, übler Mensch.
13 Er verdreht hämisch die Augen,
gibt Gleichgesinnten heimlich Zeichen mit seinen Füßen
und Winke mit den Händen.
14 Er hat ein falsches Herz, er schmiedet böse Pläne,
und wo er auftaucht, stiftet er Streit.
15 Deshalb wird das Unglück plötzlich über ihn hereinbrechen,
ganz unerwartet wird er zerschmettert,
ohne dass es Rettung gibt.

Was der Herr verabscheut – ein Zahlenspruch

16 Sechs Dinge sind dem **HERRN** verhasst,
und das siebte verabscheut er ganz besonders:
17 Augen voller Hochmut, eine falsche Zunge,
Hände, die unschuldiges Blut vergießen,
18 ein Herz, das heimtückische Pläne schmiedet,
Füße, die eilig dem Bösen nachlaufen,
19 einen falschen Zeugen, der Lügen verbreitet,
und einen Menschen, der Brüder gegeneinander aufhetzt.

BIBELGESPRÄCH

(30–45 Minuten). Wählen Sie ggf. unter den Fragen aus.

1. Vor welcher Art von Versprechen wird in V. 1-2 gewarnt und warum?
2. Was wird Menschen empfohlen, die schon in einer solchen Verbindlichkeit stecken – und warum ist die Empfehlung so dringlich (V. 3-5)?
3. Wer genau wird in V. 6 angesprochen – der Sohn, den sein Vater schon die ganze Zeit lang belehrt, oder eine vorgestellte Figur? (S. auch die Erläuterungen zum Abschnitt.)
4. Welche Risiken werden einem Menschen vor Augen gemalt, der sich einfach treiben lässt und völlig untätig bleibt (V. 9-11)?
5. Wie kennzeichnet der Weisheitslehrer den „üblen Menschen“ in V. 12-15 – und was wird ihm am Ende in Aussicht gestellt?
6. Welche negativen Eigenschaften werden in V. 16-19 beschrieben – welche Worte würden wir heute dafür verwenden? Woran sind diese Eigenschaften erkennbar?

AUSTAUSCH

(15–30 Minuten). Wählen Sie ggf. unter den Fragen aus. Sie können das Gespräch mit einem gemeinsamen Gebet abschließen.

1. Wer einem Spielsüchtigen Geld leiht, hilft ihm damit gerade nicht – vgl. V. 1-5. Fallen Ihnen andere Umstände ein, bei denen solche Zurückhaltung nötig ist – auch wenn man sich unbeliebt macht?
2. Bei allem Verständnis für nötige Pausen und Entspannung: Wann wird Untätigkeit unverantwortlich – und ab wann kostet das Nichtstun mehr Kraft als das Tun? Wie erleben Sie das bei sich selbst?
3. Wie geht man mit einem „üblen Menschen“ nach Art von V. 12-15 um? Hilft es, das unfaire Verhalten eines anderen vor sich selbst zunächst einmal zu benennen?
4. Wie lauten die positiven Gegenstücke zu den Lastern von V. 16-19? Was davon ist Ihnen besonders wichtig?

V. 1-5. Das Thema dieses Abschnitts ist **sehr pragmatisch**: Hüte dich davor, für einen unzuverlässigen Menschen unbegrenzt zu haften (vgl. 22,26f). Und das nicht aus übertriebener Vorsicht oder Sparsamkeit, sondern aus **Besonnenheit**. Denn natürlich ist Großzügigkeit für die Bibel ein hohes Gut, doch ist sie immer freiwillig (s. 2 Kor 9,7). Das wäre bei unbegrenzter Haftung aber nicht mehr der Fall. Und auch für den anderen kann es gerade hilfreich sein, wenn z. B. sein unverantwortlicher Umgang mit Geld nicht noch weiter unterstützt wird (vgl. Derek Kidner, *Proverbs*, zu Spr 6,1ff).

V. 6-11. V. 6 ist für manche sprichwörtlich geworden und wird allzu untätig wirkenden Zeitgenossen gerne (im Scherz) vorgehalten. Es ist hier aber durchaus ernst gemeint. Angeredet ist kaum der Sohn selbst, der Adressat der Weisheitsrede eines Vaters bereits ab 1,8 ist, sondern eine **vorgestellte Figur: der Faulpelz**, der beispielhaft träge Mensch. Wie in einer Parabel ist diese Figur nicht real, sondern steht für eine bestimmte Eigenschaft. Im Buch der Sprüche taucht sie mehrfach auf und dient als warnendes Beispiel.

(Die folgende Übersicht ist in Anlehnung an Kidner, *Proverbs*, Abschnitt *The sluggard* formuliert:)

Der Faulpelz –

- **fängt nichts an**: S. V. 9f – auf konkrete Fragen zu Dauer und Zeitpunkt kann und will er keine Antwort geben;
- **stellt nichts fertig**: Selbst wenn er sich einmal aufgerafft hat, ermattet er schnell wieder und bringt nichts zustande (12,27; 19,24);
- **stellt sich nicht der Realität**: Er fängt an, seine eigenen Ausreden zu glauben (22,13) und sein Nichtstun schönzureden (26,16);
- **wird auf Dauer nicht gut leben.** Am Ende droht ihm Verarmung, die ihn noch dazu überraschend treffen wird (V. 11).

V. 12-15. Der **„üble Mensch“** ist ebenso eine vorgestellte, beispielhafte Figur wie der Faulpelz, ein Typus. In Reinform gibt es beide kaum in der Realität. Das hebräische Wort für „nichtswürdig“ in V. 12 verweist auf das Wort Belial, das wiederum im NT schließlich zu einem Beinamen des Teufels wird (2 Kor 6,15; vgl. Kidner, *Proverbs*, zu Spr 6,12).

Kennern des NT widerstrebt die klare Sprache weisheitlicher Kennzeichnung dennoch manchmal, z. B. weil sie daran denken, dass Jesus davor warnt, über andere zu richten (Mt 7,1). Gemeint ist in Spr 6 aber **nicht die Beurteilung eines Menschen, sondern eines Verhaltens.** Und da kann höfliche Zurückhaltung eher verschleiernd wirken.

Auch dem Geschädigten hilft es, erlittenes Unrecht zunächst beim Namen zu nennen. Selbst wenn er sich daraufhin zu Versöhnung und Vergebung durchringt, ist die Benennung von Verantwortung gerade Teil und Voraussetzung eines solchen Vorgangs.

V. 16-19. Ausdrücklich wird wieder auf Gott Bezug genommen (V. 16): Es geht bei allem Pragmatismus eben immer um Eigenschaften, die **dem Herrn, dem Gott Israels**, gefallen oder nicht gefallen, ja ihm verhasst sind. „Sechs Dinge … das siebte …“ (V. 16) heißt, dass die Liste umfassend, aber nicht abgeschlossen ist.

Die folgenden negativen Eigenschaften werden nicht mit Substantiven (Hochmut, Heimtücke u. ä.), sondern **als konkrete Handlungen beschrieben**: Der überhebliche Blick, die lügende Zunge, die mörderischen Hände usw. Das macht die Darstellung anschaulicher und betont zugleich: Es geht hier eben nicht nur um blasse Theorie, sondern um alles das, was menschliches Zusammenleben im Alltag beschädigt und zerstören kann.

Der Text lässt folglich auch keine Spur von der eher neuzeitlichen Sorge erkennen, er könne „zu moralisierend“ wirken. Wenn es um Verlässlichkeit in Beziehungen, ja ums Überleben geht, ist diese Sorge eben nebensächlich.

Mit Derek Kidner (*Proverbs* zu Spr 6,17-19) lassen sich die beschriebenen negativen Eigenschaften wie folgt gliedern:

Sie betreffen:

- einmal die Haltung (V. 17a)
- einmal das Denken (V. 18a)

- zweimal das Reden (V. 17b. 19a)
- zweimal das eigene Tun (V. 17c)
- einmal das Beeinflussen anderer (V. 19b).

Ein solcher **Lasterkatalog** dient ebenfalls weniger zur Beurteilung anderer, sondern vor allem zur Selbstprüfung. Ähnliche Passagen finden sich nicht nur in der Weisheitsliteratur des AT, sondern z. B. auch in 1 Kor 6,9-11, hier verbunden mit der Perspektive der Vergebung durch Jesus Christus und der Umgestaltung durch Gottes Geist.

Frau Weisheit lädt ein

3

Sprüche 8,1-11.22-36

EINSTIEG

(15–20 Minuten). Wählen Sie bitte eine oder zwei Fragen aus.

1. Wenn Sie sich eine Eigenschaft oder Grundhaltung wünschen könnten, die Ihnen manchmal fehlt und die Sie gern in perfekter Ausprägung hätten – welche wäre das?
2. Wonach entscheiden Sie, ob jemand für Sie glaubwürdig ist – oder ob er die Unwahrheit sagt?
3. Was ist der materiell wertvollste Gegenstand, den Sie jemals besessen haben – und was war der wertvollste Ratschlag, der Ihnen jemals gegeben wurde? Wie bewerten Sie beides im Vergleich miteinander?
4. Woran kann man besonders gut erkennen, dass diese Welt von einem Gott erschaffen wurde, der weise / kreativ / humorvoll war – oder auch alles zusammen?

BIBELTEXT

Die Weisheit lädt ein

1 Hört ihr, wie die Weisheit ruft
und sich die Einsicht mit lauter Stimme Gehör verschafft?
2 Sie steht erhöht und für jeden sichtbar an den Straßen,
dort, wo alle Wege sich kreuzen, hat sie sich hingestellt.
3 Neben den Stadttoren, am Torweg,
durch den man die Stadt betritt, ruft sie laut:
4 „Ihr Männer, zu euch spreche ich
und richte meine Stimme an alle Menschen.
5 Ihr Unerfahrenen, begreift, was Klugheit ist,
und ihr Eingebildeten, nehmt Vernunft an.
6 Hört her! Was ich sage, ist wertvoll und wichtig.
Nur Aufrichtiges kommt über meine Lippen,
7 denn die Wahrheit spricht aus mir,
und ich verabscheue es, etwas Unrechtes zu sagen.
8 Alles, was ich sage, dient der Gerechtigkeit,
ohne Hintergedanken und Falschheit.
9 Die Verständigen begreifen, dass es wahr ist,
und die Erkenntnis gewonnen haben, dass es richtig ist.
10 Nehmt kein Silber an, sondern meinen Rat,

und strebt lieber nach Erkenntnis als nach wertvollem Gold.
11 Denn Weisheit ist noch schöner als Korallen,
nichts ist so kostbar, dass man es mit ihr vergleichen könnte.

Die Weisheit stellt sich vor

22 „Der HERR hat mich geschaffen, am Anfang seines Weges,
noch vor seinen anderen Werken, schon seit jeher.
23 Vor ewigen Zeiten wurde ich gebildet,
am Anfang, bevor die Erde geschaffen wurde.
24 Als es noch keine Ozeane gab, wurde ich geboren,
als es noch keine Quellen gab, aus denen Wasser sprudelte.
25 Ich wurde geboren, bevor die Fundamente der Berge gelegt
und die Hügel geformt waren.
26 Gott hatte die Erde mit ihren Feldern noch nicht gemacht
und auch nicht das weite Land mit seinen Ackerböden.
27 Ich war da, als Gott den Himmel ausspannte
und den Kreis des Horizonts über dem Ozean zeichnete.
28 Ich war dabei, als er oben die Wolken befestigte
und aus der Tiefe die Quellen hervorbrechen ließ,
29 als er dem Meer eine Grenze setzte
und das Wasser seine Anordnung nicht übertrat,
als er das Fundament der Erde legte –
30 da war ich als Kind an seiner Seite.
Er hatte Tag für Tag Freude an mir,
und ich spielte immerzu in seiner Gegenwart.
31 Ich spielte auf seiner weiten Erde
und hatte meine Freude an den Menschen.
32 Darum, ihr Söhne, hört auf mich,
glücklich zu preisen sind alle, die auf meinen Wegen bleiben.
33 Hört auf die Unterweisung, damit ihr weise werdet,
schlagt sie nicht in den Wind.
34 Glücklich zu preisen ist, wer auf mich hört,
wer Tag für Tag wachsam an meinen Türen steht
und an meinen Torpfosten auf mich wartet.
35 Denn wer mich findet, hat das Leben gefunden,
und der HERR hat Freude an ihm.
36 Doch wer mich verpasst, trägt schweren Schaden davon.
Alle, die mich hassen, lieben den Tod."

BIBELGESPRÄCH

(30–45 Minuten). Wählen Sie ggf. unter den Fragen aus.

1. Warum wird die Weisheit hier als Person beschrieben, die zu einem Leben in enger Verbundenheit mit ihr einlädt? Welchen Zweck erfüllt das?

2. Wenn man etwa V. 2-3 und 22 vergleicht – welcher Bogen wird hier gespannt? Was wird dadurch über die Weisheit ausgesagt?

3. Wie hängen Weisheit und Ethik zusammen – also das kluge und pragmatische Leben auf der einen und das ehrliche und aufrichtige Leben auf der anderen Seite (s. dazu V. 6-11)?

4. Wie wird im zweiten Teil des Textes das Verhältnis zwischen der Weisheit und Gott beschrieben (s. besonders V. 22, 26 und 30)?

5. Ist die Weisheit selbst göttlich (s. die Erläuterungen zu V. 22-31)?

6. Fallen Ihnen Stellen im Neuen Testament ein, an denen ähnlich wie hier von der Weisheit von Jesus Christus gesprochen wird? Was heißt das für unser Verständnis von Jesus (s. auch hier die Erläuterungen zu V. 22-31)?

AUSTAUSCH

(15–30 Minuten). Wählen Sie ggf. unter den Fragen aus. Fragen, die nicht in der Gruppe thematisiert werden, können Ihnen auch als Anstoß dienen, zu Hause den Text vertiefend zu betrachten.

1. Wie wichtig war es für Sie bisher, im biblischen Sinne weise(r) zu werden? Ändert der Text aus Spr 8 etwas an Ihrer Einschätzung?

2. Stimmt es mit Ihrer Erfahrung überein, dass das (ethisch) richtige Leben meist auch das (qualitativ) bessere Leben ist?

3. Von welchen anderen Lebenskonzepten („ein gutes Leben durch X“) haben Sie sich bisher möglicherweise zu sehr beeindrucken lassen? Was gehört für Sie zu einem „guten Leben“ unbedingt dazu?

4. Was bedeutet es für Sie, dass Jesus Christus Gottes Weisheit in Person ist (Kol 2,3)? Ändert es etwas an Ihrem Bild vom Christsein oder z. B. an Ihrem Selbstbewusstsein im Gespräch mit Menschen, die den Glauben an Jesus für abwegig halten?

Größer als hier lässt sich biblisch kaum von Weisheit sprechen. Ein weiter Bogen wird gespannt von der alltagspraktischen Bedeutung der Weisheit (V. 1-5) hin zu ihrer Rolle bei der Schöpfung und Erhaltung der ganzen Welt (V. 22-31). Dabei soll allerdings nicht zur Spekulation, sondern zur Veränderung des eigenen Verhaltens angeregt werden:

„Die zunehmende Kühnheit des Gedankengangs, mit seinem Höhepunkt in 22-31, ist nicht dazu gedacht, den Leser mit Metaphysik zu beschäftigen, sondern zur Entscheidung zu führen: der wahre Höhepunkt ist der Abschnitt 32-36, der mit ‚Darum...' beginnt." (Kidner, *Proverbs*, zu Spr 8, Übersetzung M. C.).

V. 1. Die Weisheit wird **als Person dargestellt**, als Frau Weisheit. Das ist nicht wörtlich zu verstehen, sondern ein literarisches Mittel, um die Aufforderung zu einem weisheitlichen Leben umso eindringlicher und anschaulicher zu formulieren (mehr zur Personifizierung der Weisheit s. u. zu V. 22-31).

V. 2-3. Die Einladung der Weisheit an die Menschen **beginnt im Alltagsleben**, deutlich sichtbar und hörbar für jeden.

V. 4-5. Die Weisheit **spricht in der ersten Person** – hier noch auf dem Marktplatz mitten unter den Menschen, in das Leben des Einzelnen hinein, später dann mit Blick auf den ganzen Kosmos. Die Pointe lautet hier: **Weisheit ist jedem zugänglich**, auch den „Unerfahrenen" und sogar den „Eingebildeten". Weisheitlich zu leben setzt also gerade nicht schon Weisheit voraus, sondern allein die Einsicht, dass man sie nötig hat.

V. 6-7 stellen klar, dass Weisheit **gleichermaßen Pragmatismus und Moral einschließt**: Ein weisheitliches Leben ist ein kluges und vorausschauendes Leben, das ehrlich und aufrichtig geführt wird. Dass beides gut zusammenpasst, dass das ethisch richtige zumeist auch das gute Leben ist, ist eine weisheitliche Überzeugung, die in den Volksmund eingegangen ist: „Ehrlich währt am längsten" (vgl. Spr 10,9). Dafür gibt es zwar auch in der Bibel schon schmerzliche Ausnahmen; die bekannteste ist das Buch Hiob. Für viele Fälle ist das Prinzip aber dennoch hilfreich und gültig.

V. 8-9. Hier geht es zunächst um **die Glaubwürdigkeit der Weisheit selbst**: Die Weisheit ist zum einen Vorbild in Wahrhaftigkeit, zum anderen ist für jeden, der auf sie hört, grundsätzlich wichtig, dass sie Wort hält: Anders als andere Lebenskonzepte (etwa: ein gutes Leben durch Besitz oder Erfolg) verspricht die Weisheit nichts, was sie nicht einhalten kann.

V. 10-11 machen dies unmissverständlich: Gegenüber einem weisen Ratschlag ist aller materielle Besitz kaum der Rede wert. Hintergedanke ist hier wohl schlicht die **Nachhaltigkeit**: Eine weisheitliche Einsicht kann einem niemand nehmen, sie vergeht also nicht und ist insofern haltbarer noch als das langlebigste Edelmetall.

V. 22. Vor allem um das Bibelgespräch in üblicher Länge nicht überzustrapazieren, springen wir bewusst ans Ende des Kapitels, zum großen Finale: Die Weisheit spricht weiter von sich, jetzt **als Gottes Erstgeschöpf, ja Mitgestalterin der ganzen Schöpfung**.
Dass diese Personifizierung der Weisheit ein Stilmittel und nicht wörtlich gemeint ist, darauf deutet der Zusammenhang hin: Das folgende Kapitel (9) gebraucht z. B. wieder ein ganz anderes Bild für die Weisheit.

Das hilft auch zur Entscheidung klassischer Streitfragen zu diesem Abschnitt: Diskutiert wurde z. B. darüber, ob es in V. 22 „Gott hat mich *geschaffen*" oder „*hatte* mich" heißen muss (vgl. Kidner, *Proverbs*, zu Spr 8,22; auch für das Folgende). In Streitigkeiten der Kirche während der ersten Jahrhunderte hatte z. B. die Partei der Arianer (die Jesus nicht als ganz göttlich ansahen) hier für „hat mich geschaffen" votiert und daraus geschlossen, dass auch Christus nur geschaffen und damit nicht ganz Gott gleich sei.

Damit wird zum einen der Satz aus dem Kontext gerissen (s. o.). Zum anderen spricht viel dafür, hier tatsächlich auch mit „hatte" bzw. „be-

saß" zu übersetzen. Das hebräische Wort kann beides bedeuten, „erschaffen" *und* „besitzen". Auch inhaltlich macht es wenig Sinn, dass Gott eine Weisheit erst erschaffen muss, die er zuvor nicht hatte. So übersetzt Luther: „Der HERR hat mich schon gehabt im Anfang seiner Wege ..."
V. 23-25 ist ein deutliches Echo auf die Schöpfungsgeschichte, z. B. auf 1 Mo 1,2 („Finsternis herrschte"): **Die Weisheit war schon da, noch bevor Gott die Welt erschuf.** Sie ist also wichtiger und grundlegender als alles andere in Gottes Schöpfung.

V. 26-29. Die Folgerung aus dem Vorigen: **Die Weisheit war dabei**, als Gott die Welt erschuf, sie war also „Mitwisserin" und wohl auch Mitarbeiterin Gottes bei der Schöpfung – Gottes Schöpfung ist selbst Ausdruck seiner Weisheit und trägt ihre Handschrift.

V. 30-31. Unsere Übersetzung (Neue Genfer Übersetzung) bezeichnet **die Weisheit als „Kind"**. Luther übersetzt hier „Liebling", die Elberfelder Bibel „Schoßkind". Vom Hebräischen her ist aber auch **möglich, „Werkmeister" zu übersetzen** (so z. B. die Schlachter-Übersetzung). Das wäre auch sachlich logisch: Denn andernfalls hätte man die Weisheit während der Schöpfung als untätig und unmündig auffassen können, was aber kaum zu der hervorgehobenen Rolle passt, die der ganze Abschnitt ihr zuschreibt (vgl. auch Kidner, *Proverbs*, zu Spr 8,30).

Die gängige Übersetzung mit „Kind" passt allerdings wiederum zur neutestamentlichen Aufnahme dieser und ähnlicher Texte: Im Neuen Testament wird **Gottes Weisheit mit Christus in eins gesetzt**, dem Sohn Gottes selbst (s. Kol 2,3). Im Rückblick von Christus her gelesen ist die Personifizierung der Weisheit in Spr 8 also wahrer, als es den Autoren des Sprüchebuchs bewusst gewesen sein kann.

V. 32-36. Von daher lässt sich auch der **Aufruf der Weisheit an ihre Hörer** verstehen: Was ursprünglich als reines Stilmittel gemeint war, stimmt aus Sicht des NT wörtlich: Gottes Weisheit ist Person, sie ruft die Menschen zum Leben in enger Verbundenheit mit ihr – und auf diese Entscheidung kommt alles an (V. 35-36 vgl 1 Joh 5,12).

4 Von Salomo lernen

Sprüche 16,1-18

EINSTIEG

(15–20 Minuten). Wählen Sie bitte eine oder zwei Fragen aus.

1. Haben Sie schon erlebt, dass alles ganz anders gekommen ist, als Sie es sich vorgestellt hatten – und dass es genau richtig war?

2. Wie fühlt man sich, wenn man sich irrt? Und wie fühlt man sich, wenn man *merkt*, dass man sich geirrt hat?

3. Hochmut ist manchmal gut versteckt – woran erkennt man ihn trotzdem? Und was genau macht Hochmut so schädlich?

BIBELTEXT

Vertrau dem HERRN an, was du vorhast

1 Der Mensch stellt zwar im Herzen Überlegungen an,
aber was er schließlich ausspricht,
kommt vom HERRN.
2 Alles, was einer tut, erscheint ihm selber unschuldig und rein,
der HERR jedoch prüft die wahren Absichten und Beweggründe.
3 Vertraue dem HERRN an, was du vorhast,
dann werden deine Pläne gelingen.
4 Alles hat der HERR zu einem bestimmten Zweck geschaffen,
so auch den Gottlosen dazu, dass ihn eines Tages das Unglück trifft.
5 Der HERR verabscheut alle Hochmütigen.
Verlasst euch darauf: Keiner von ihnen kommt ungestraft davon.
6 Durch Gottes Liebe und Treue wird Schuld gesühnt,
doch wer Ehrfurcht vor dem HERRN hat, hält sich vom Bösen fern.
7 Wenn dem HERRN die Wege eines Menschen gefallen,
dann sorgt er dafür, dass sogar dessen Feinde Frieden mit ihm
schließen.

8 Lieber wenig auf ehrliche Weise als durch Unrecht großen Gewinn.
9 Der Mensch legt sich im Herzen zwar seinen Lebensweg zurecht,
aber der HERR lenkt seine Schritte.
10 Der König spricht mit göttlicher Eingebung,
darum unterlaufen ihm in der Rechtsprechung keine Fehler.
11 Über genaue Waagen und richtig eingestellte Waagschalen
bestimmt der HERR allein,
alle Gewichte wurden von ihm festgelegt.

12 Könige verabscheuen es, wenn Unrecht geschieht,
denn ein Thron wird nur durch Gerechtigkeit gefestigt.
13 Königen gefällt es, wenn man die Wahrheit sagt,
und sie lieben den, der aufrichtig spricht.
14 Wutausbrüche des Königs sind Vorboten des Todes,
doch ein weiser Mann kann sie besänftigen.
15 Ein Strahlen im Gesicht des Königs verheißt Leben,
sein Wohlwollen ist wie ein Regenschauer, der die Saat gedeihen lässt.
16 Erwirb Weisheit! Was sonst ist besser als Gold?
Einsicht erwerben ist wertvoller als Silber.
17 Das Böse meiden ist der Weg, den die Aufrichtigen wählen,
wer seinen Weg achtsam geht, schützt sein Leben.
18 Erst ist man überheblich, dann am Boden zerstört,
Hochmut kommt vor dem Fall.

BIBELGESPRÄCH

(30–45 Minuten). Wählen Sie ggf. unter den Fragen aus.

1. Wie beschreiben die V. 1-3 und 9 das Verhältnis von menschlichen Plänen und Gottes Handeln? Ist es demnach falsch zu planen? Oder wie soll man beim Planen vorgehen?

2. Wie ist V. 4 zu verstehen – gibt es Menschen, die auf gottloses Verhalten festgelegt sind? Oder was soll hier beschrieben werden (s. dazu die Erläuterungen zum Vers)?

3. Gelten V. 10 und 12-15 für jeden Herrscher? Was setzen diese Verse voraus? (S. hierzu auch die Erläuterungen.)

4. Warum wird im Buch der Sprüche immer wieder besonders vor Hochmut gewarnt? Welchem Grundgedanken der Weisheit widerspricht der Hochmütige?

AUSTAUSCH

(15–30 Minuten). Wählen Sie ggf. unter den Fragen aus. Sie können das Gespräch mit einem gemeinsamen Gebet abschließen, in dem Sie auf mögliche Fragen und Anliegen Bezug nehmen, die im Gespräch deutlich geworden sind. Fragen, die nicht in der Gruppe thematisiert werden, können Ihnen auch als Anstoß dienen, zu Hause den Text vertiefend zu betrachten.

1. Wo haben Sie es erlebt, dass Gott Ihre Pläne durchkreuzt hat – und das war rückblickend genau richtig so?

2. Welche Art von Planen ist weise und welche nicht? Was ist der Unterschied zwischen (weisem) *Vorsorgen* und (unnützem) *Sich-Sorgen-Machen*?

3. Gott geht es um Rechtschaffenheit im Kleinen (V. 11) – was könnte das für heute heißen? Was ist heute das, was früher die Gewichte an einer mechanischen Waage waren?

4. Welche Personen oder politischen Vorhaben aus der Gegenwart fallen uns ein, die ein gutes Beispiel für Regieren in Gottes Sinne sind (s. V. 12-15)? Und müssen Christen hier möglichst einer Meinung sein?

ERLÄUTERUNGEN

Dieser Text stammt mitten aus einem längeren Abschnitt, der **König Salomo zugeschrieben** wird. Er versammelt eine ganze Reihe weisheitlicher Einsichten, die knapp und **in Form von kurzen Sprichworten** aneinandergereiht werden. So stellen sich die meisten Bibelleser das gesamte Buch Sprüche vor, als Sammlung kurzer Merksätze. Wie gesehen sind andere Teile des Buches aber anders aufgebaut, in Form von längeren Reden oder Betrachtungen, die einen größeren Sinnzusammenhang erläutern.

Hier aber werden mehrere Inhalte in rascher Folge angesprochen. Auch hier gibt es allerdings **Leitmotive**, übergreifende Themen:

V. 1-9. In den ersten Versen des Abschnitts ist das Leitmotiv die **Souveränität Gottes** (vgl. Kidner, *Proverbs*, zu Spr 16,1-9). Dabei ist nicht gemeint, dass menschliches Planen falsch oder überflüssig wäre. Das Buch Sprüche fordert an anderen Stellen ja gerade dazu auf, besonnen in die Zukunft zu schauen und nüchtern vorzusorgen. Sondern gemeint ist, dass in allem Planen das letzte Wort immer Gott hat. Auch wo menschliche Pläne also gerade gelingen, ist es am Ende immer Gott, der am Wirken ist.

V. 2. Luther übersetzt: „Einen jeglichen dünkt sein Weg recht…" – anders gesagt: ***Jeder* geht davon aus, dass er richtig handelt.** Niemand, oder fast niemand, tut willentlich und bewusst das Falsche. Trotzdem irren und scheitern wir alle, immer wieder. Das bloße Gefühl, das Richtige zu tun, reicht also nicht aus. Nur Gott sieht unsere Motive klar und das ist gerade befreiend, weil es uns hilft, unser Handeln und unsere Motive aus seiner Sicht nüchtern zu überprüfen.

V. 3.9 Wieder wird deutlich: Es geht nicht darum, menschliches Handeln gegen Gottes Handeln auszuspielen. **Es ist nicht schlecht, zu planen** und gründlich über sein Tun nachzudenken. Es ist aber wichtig, das beständig im Gespräch mit Gott zu tun, sich im Planen ganz Gott anzuvertrauen.

V. 4. Ein grobes Missverständnis wäre es, aus diesem Vers herauszulesen, dass Gott Menschen gezielt auf Gottlosigkeit festlegt. Das würde anderen biblischen Aussagen klar zuwiderlaufen: Die ganze Schöpfung war ursprünglich „sehr gut" (1 Mo 1,31), und die ganze Menschheit liegt Gott am Herzen, ohne Ausnahme (1 Tim 2,4). Es geht in Spr 16 also eher um **die logische Folge eines Verhaltens**: Gottloses Verhalten ist am Ende wirklich Gott los und das ist furchtbar. Anders gesagt: „(E)s gibt am Ende keine losen Enden in Gottes Welt; alles dient irgendeinem Zweck und geht seinem entsprechenden Schicksal entgegen. Das bedeutet nicht, dass Gott der Urheber des Bösen wäre: Jakobus 1,13.17" (Kidner, *Proverbs*, zu Spr 16,4, Übersetzung M. C.).

V. 5.18. Hochmut gehört zu den großen Lastern, die im Buch Sprüche angeprangert werden (6,17; 8,13; 11,2; 14,3; 18,12; 21,4; 21,24; 30,29; 30,31). In älteren Bibelübersetzungen wird statt mit „Hochmut" häufig auch mit „Stolz" übersetzt. Gemeint ist aber nicht z. B. der (an sich unschuldige) Stolz auf Erreichtes – schon gar nicht bei einem Kind, dem etwas erstmals gelungen ist! Sondern gemeint ist der **Hochmut, der andere gering schätzt** und am Ende auch ohne Gott auszukommen meint. Der große Fehler des Hochmütigen ist also: Er widerspricht dem Grundprinzip biblischer Weisheit (Spr 1,7).

V. 6-7. Das Wort „Gottes" ist eine Ergänzung, die die NGÜ vornimmt. Liest man den Vers so, wie er eigentlich dasteht – „Durch Liebe und Treue wird Schuld gesühnt" könnte daraus irrtümlicherweise Werkgerechtigkeit abgelesen werden – als könne man sich Gottes Vergebung verdienen. Das ist aber nicht gemeint. Es geht vielmehr um eine Frage der Wahrnehmung: Man erkennt einen Menschen, der Gottes Vergebung erfahren hat, daran, dass er Gott weiterhin treu ist (vgl. Lk 7,47). Ohnehin geht es hier mehr um das Leben im Jetzt und welche positiven Effekte die Treue zu Gott hat (vgl. V. 7), und noch nicht um die Frage nach dem Heil.

V. 10-15. Diese Verse beschreiben ideale Könige, die sich nach Gottes Geboten richten – dass reale Könige fehlbar sind, weiß auch die Bibel. Der Text richtet sich also zunächst an den König selbst und beschreibt, was von ihm gefordert ist: Er spricht Recht (V. 10.12) und sorgt für Rechtmäßigkeit schon im Kleinen (V. 11), er schätzt ehrliche Auskunft und auch konstruktive Kritik (V. 13). Im zweiten Schritt werden seine Berater angesprochen (V. 14-15). Hier wird stärker weisheitlich-pragmatisch als ethisch argumentiert: Diplomatie macht einfach Sinn, solange man in der schwächeren Position ist. Das schließt aber nicht aus, dass man – diplomatisch und höflich – auch Kritik anbringt (s. o. zu V. 13).

V. 16-17. Der Abschnitt schließt typisch weisheitlich: **Wer klug ist, denkt langfristig**, und auf lange Sicht fährt man mit Redlichkeit, Aufrichtigkeit und klarer Ausrichtung auf Gott immer besser als mit dem Schielen auf Besitz, mit Unwahrhaftigkeit und Gottvergessenheit. Das bezieht sich hier wohl wieder zunächst auf das irdische Leben im Jetzt, gilt gesamtbiblisch gesehen aber natürlich auch für die künftige Welt.

5 Reich und arm und weise

Sprüche 22,1-16

EINSTIEG

(15–20 Minuten). Wählen Sie bitte eine oder zwei Fragen aus.

1. Wenn Sie wählen könnten: *Entweder* Sie gewinnen beim Lotto eine Million Euro *oder* alle ihre Bekannten sagen ab sofort nur noch Gutes über Sie – welche Möglichkeit würden Sie wählen?

2. Rechnen Sie im Leben eher mit dem Schlimmsten oder eher mit dem Besten? Was halten Sie für klüger?

3. Kennen Sie Menschen, die zugleich unbestechlich ehrlich *und* gleichbleibend freundlich sind – und geht das überhaupt gleichzeitig?

BIBELTEXT

Wer andere ungerecht behandelt

1 Ein guter Ruf ist kostbarer als großer Reichtum,
und Ansehen ist besser als Silber und Gold.
2 Reiche und Arme begegnen einander,
der HERR ist es, der sie allesamt erschaffen hat.
3 Ein Kluger sieht das Unglück kommen
und bringt sich in Sicherheit,
aber die Einfaltspinsel gehen einfach weiter
und müssen es dann büßen.
4 Demut und Ehrfurcht vor dem HERRN werden
mit Reichtum, Ehre und einem erfüllten Leben belohnt.
5 Dornen und Fußangeln
liegen auf dem Weg eines verschlagenen Menschen,
wem sein Leben wichtig ist, der hält sich von ihnen fern.
6 Bring dem Jungen bei, was er für seinen Lebensweg braucht,
dann weicht er bis ins Alter nicht davon ab.
7 Ein Reicher herrscht über Arme,
und wer sich etwas borgt,
wird zum Sklaven dessen, der es ihm leiht.
8 Wer Unrecht sät, wird Unheil ernten,
und seine Tyrannei wird ein Ende haben.
9 Wer sich anderen in Güte zuwendet, wird gesegnet,
denn er teilt sein Brot mit den Armen.
10 Vertreibe den hochmütigen Spötter, dann vergeht der Streit,
und das gegenseitige Verurteilen und Schmähen hat ein Ende.

11 Wer von Herzen aufrichtig ist,
der versteht es, ansprechend zu reden,
und hat den König zum Freund.
12 Die Augen des HERRN wachen über die Erkenntnis,
doch die Worte treuloser Menschen macht er zunichte.
13 Der Faule behauptet: „Draußen ist ein Löwe!
Mitten auf der Straße könnte ich getötet werden!“
14 Der Mund von fremden Frauen ist eine tiefe Grube –
derjenige, auf den der **HERR** zornig ist, fällt hinein.
15 Wenn ein Junge nur Dummheiten im Sinn hat,
treibt man sie ihm mit Stockhieben aus.
16 Einen Armen ausbeuten, um sich zu bereichern,
oder einem Reichen Geschenke machen –
beides bringt nur Verlust.

BIBELGESPRÄCH

(30–45 Minuten). Wählen Sie ggf. unter den Fragen aus.

1. Stellen Sie zusammen: Wo in unserem Text ist überall vom Umgang mit reichen und armen Menschen die Rede? Was wird jeweils empfohlen, wovor wird gewarnt?

2. Wo werden eher praktische Tipps gegeben (was am besten funktioniert), und wo wird moralisch argumentiert (was vor Gott richtig ist)?

3. An welche Aussage von Jesus erinnert Sie V. 9?

4. Warum ist es so wichtig, Kinder von klein auf richtig zu erziehen (V. 6)?

5. Lesen Sie Eph 6,4: Was ist hier das Leitprinzip christlicher Erziehung? Und was bedeutet das für die Art und Weise, wie Eltern ihren Kindern Grenzen setzen?

6. Warum handeln Eltern heute mit gutem Grund (!) *anders,* als Spr V. 15 unseres Textes nahezulegen scheint? Und warum haben heutige Eltern gerade dabei die Bibel *als Ganze* auf ihrer Seite? (S. besonders die Erläuterungen zu V. 6.15.)

7. Welche Strategie wird in V. 11 empfohlen, um fruchtlosen Streit zu beenden?

AUSTAUSCH

(15–30 Minuten). Wählen Sie ggf. unter den Fragen aus. Sie können das Gespräch mit einem gemeinsamen Gebet abschließen, in dem Sie auf mögliche Fragen und Anliegen Bezug nehmen, die im Gespräch deutlich geworden sind. Fragen, die nicht in der Gruppe thematisiert werden, können Ihnen auch als Anstoß dienen, zu Hause den Text vertiefend zu betrachten.

1. Ist es eigentlich christlich, sich um seinen guten Ruf bei den Menschen zu sorgen? Bzw. wie sorgt man am besten für seinen Ruf? (Vgl. auch Apg 2,47a.)

2. Welche Schwierigkeit haben Sie zuletzt vorausgesehen, weil Sie rechtzeitig nüchtern nachgedacht haben? Inwiefern hat Ihnen das geholfen?

3. Wie geht das praktisch: Kindern *liebevoll* (und nur mit Worten!) Grenzen setzen? Was erleben Sie dabei als hilfreich, was nicht so sehr?

4. Haben Sie schon einmal die Art von fruchtlosem Streit erlebt, auf die V. 10 anspielt? Haben Sie Erfahrungen mit der Lösung, die hier empfohlen wird? Und wenn man sie wählt – wie geht es danach weiter?

5. Kann man (oder frau) sich gegen Verführung durch Menschen des anderen Geschlechts wappnen? Wenn ja, wie?

ERLÄUTERUNGEN

Unser Text bildet den Abschluss der längeren Sammlung von Worten in der Mitte des Sprüchebuchs, die König Salomo zugeschrieben werden. Wieder sind die **Themen vielfältig**, die einzelnen Spruchweisheiten können in der Regel auch für sich stehen. Wieder stehen auch eher pragmatische Tipps für ein kluges und weitsichtiges Leben direkt neben ethisch anspruchsvolleren Weisungen. Wichtige Inhalte werden in unserem Abschnitt allerdings mehrfach angesprochen, wie auch im gesamten Buch der Sprüche: nämlich ein **weiser Umgang mit Besitz**, mit armen und reichen Menschen – s. die Vv.1-2.4.7-9.16 (s.u.).

V. 1. Gutes Ansehen ist wertvoller als materieller Besitz – das ist wohl auch über christliche Kreise hinaus konsensfähig. Im Neuen Testament wird es allerdings von Jesus zugespitzt, auf unsere Stellung bei Gott hin (Lk 10,20; vgl. Kidner, *Proverbs*, zu Spr 22,1).

V. 2. Dass **Gott der Schöpfer aller Menschen** ist, wirkt auch **demokratisierend**: Auch wenn sich Reiche und Arme nach menschlichen Maßstäben noch so sehr unterscheiden – sie sind beide von Gott geschaffen und diese Einsicht sollte die einen bescheiden und die anderen selbstbewusst machen.

V. 3. Glaube ist nicht blinder Optimismus, sondern soll gerade vernünftig machen: In dieser (gefallenen) Welt rechnet gerade der weise Mensch damit, dass nicht immer alles glatt läuft.

V. 4-5. Der sogenannte **Tun-Ergehen-Zusammenhang** wird auch hier zunächst ohne Einschränkung formuliert: „Handle und lebe in Gottes Sinne, dann geht es dir langfristig gut. Handle töricht, dann geht es dir schlecht." Wie gesagt kennt auch die Weisheit des AT schon **Ausnahmen von dieser Regel**, die wichtigste im Buch Hiob. Verlängert man die Perspektive allerdings in die Ewigkeit, dann stimmt die Aussicht dieses Verses wieder, vgl. die Seligpreisungen von Jesus (Mt 5,3-12).

V. 6.15. **Kindererziehung** ist ein weiteres großes Thema im Sprüche-Buch, das wiederholt auftaucht. Betont wird, dass Kinder Grenzen brauchen, dass Konsequenz langfristig liebevoller ist, weil sie zu einem besseren Leben verhilft (s. auch Spr 3,12; 9,7; 13,24).

Strenge kann also nötig sein. Es gibt allerdings eine **unselige Auslegungstradition von Aussagen wie in V. 15**, die aus ihnen ableitet, man dürfe (oder solle gar) Kinder auch körperlich züchtigen. Das legt tragischerweise auch unsere Übersetzung nahe, die Neue Genfer Übersetzung – ansonsten ist sie sehr hilfreich, hier aber übersetzt sie den hebräischen Ausdruck „Rute der Zucht" (vgl. auch die Luther-Übersetzung) umstandslos mit „Stockhieben". Diese Deutung war in den Kulturen des Alten Orients zwar wohl üblich, ist aber sprachlich nicht zwingend. Und was noch wichtiger ist: *Inhaltlich* lässt sich diese Deutung **mit der Gesamtbotschaft der Bibel gerade *nicht* vereinbaren**:

- Zum einen ist die „Rute der Zucht" möglicherweise schon ursprünglich **bildlich gemeint**, darauf deutet jedenfalls die Wortstellung im Hebräischen hin. Vergleichbar wäre unsere heutige Wendung „die Schule des Lebens", die ebenfalls nicht wörtlich zu verstehen ist. Die „Hoffnung für alle" etwa übersetzt in V. 15b also zu Recht mit „Strenge".
- Zum anderen werden im NT Kinder *wie Eltern* auf **gegenseitigen Respekt** verpflichtet (Eph 6,4). Körperstrafen bewirken aber gerade das Gegenteil von dem, was in diesen Bibelstellen beabsichtigt ist. Sie helfen eben nicht zur persönlichen Reife, sondern wirken verstörend und verrohend. Sie stellen also für Christen keine Option in der Erziehung dar.

V. 7-9. Diese Verse haben wieder ein gemeinsames Thema: den **Umgang mit Reichen und Armen**. Auf einen eher pragmatischen Hinweis (V. 7) folgt eine Mahnung an die Reichen und Mächtigen, die zugleich Ermutigung an die Armen dieser Zeit ist: Die Unterdrücker und Ausbeuter werden nicht Recht behalten (V. 8-9). Auch dies bezieht sich vorläufig auf diese Welt, lässt sich vom NT her aber auch auf das kommende Reich Gottes hin deuten (vgl. Mt 5,2-13, s. o.).

V. 10-12. Auch hier lässt sich ein gemeinsames Thema benennen: der lebensdienliche und **wahrhaftige Umgang mit Worten**. Der „Spötter" (V. 10) ist das warnende Gegenbeispiel: Manchmal können Menschen mit Worten nur noch verletzen; dann kann es besser sein, für eine Zeit auf Abstand zu gehen. Der ehrliche Mensch stößt bei einflussreichen Menschen auf Zustimmung (V. 11) und wird am Ende auch von Gott bestätigt (V. 12).

V. 13. Zum **Faulpelz** s. o. die Erläuterungen zu Spr 6,6-11.

V. 14. Unser Abschnitt vereint eine Reihe weiterer wichtiger und wiederkehrender Themen des Sprüchebuchs. Hier ist es **die verführerische treulose Frau** und die Gefahr, die von ihr ausgeht. Andernorts im Sprüche-Buch sind ihr längere Abschnitte gewidmet (besonders Kap. 5 und 7). Das sagt weniger etwas über das Frauenbild als das *Männerbild* des Buches aus: Anscheinend haben Männer so deutliche und ausführliche Mahnungen nötig, um nicht auf verhängnisvolle Irrwege zu geraten, die die eigene Ehe und das ganze Leben gefährden.

V. 16. Noch einmal wird das Thema arm/reich aufgegriffen, diesmal von einer anderen Seite: Das beschriebene Verhalten ist **zugleich kostspielig und unethisch**. Und es endet im eigenen Unglück, so wird auch hier im Sinne des Tun-Ergehen-Zusammenhangs argumentiert (s. o. zu V. 4-5).

6 Lob der weisen Frau

Sprüche 31,10-31

EINSTIEG

(15–20 Minuten). Wählen Sie bitte eine oder zwei Fragen aus.

1. Ist Weisheit eher männlich oder weiblich? Oder ist das eine unangemessene Frage?

2. Was ist Ihnen an Ihrer Arbeit wichtig? Woraus ziehen Sie Ihre Befriedigung?

3. Muss man sich in Ihrem Umfeld rechtfertigen, wenn man als Tätigkeit angibt: „Hausfrau“ (oder Hausmann)?

4. Wenn die Weisheit des Alten Testaments eine Person wäre – wie würden Sie diese Person beschreiben?

BIBELTEXT

Ein Loblied auf die tatkräftige Frau

10 Eine tüchtige Frau – wer kann sie finden?
Sie ist weitaus wertvoller als Perlen.
11 Ihr Mann vertraut ihr voll und ganz,
sie bewahrt und vergrößert seinen Besitz.
12 Alle Tage ihres Lebens erweist sie ihm Gutes
und fügt ihm niemals Böses zu.
13 Sie besorgt Wolle und Flachs und macht ihre Arbeit gern.
14 Wie eine Handelsflotte
schafft sie aus der Ferne Nahrung heran.
15 Noch vor Tagesanbruch steht sie auf,
um ihre Familie mit Essen zu versorgen
und den Mägden ihre Arbeit zuzuweisen.
16 Wenn sie ein Stück Land erwerben will,
dann bekommt sie es auch.
Von dem, was sie mit ihren Händen erwirtschaftet hat,
pflanzt sie einen Weinberg.
17 Tatkräftig nimmt sie ihre Aufgaben in Angriff,
was getan werden muss, packt sie an.
18 Sie merkt, dass sie guten Gewinn erzielt,
sogar noch in der Nacht arbeitet sie
beim Schein ihrer Lampe.
19 Sie zupft lose Wolle vom Spinnrocken

und dreht daraus mit der Spindel einen Faden.
20 Sie hat eine helfende Hand für die Schwachen,
und großzügig unterstützt sie die Armen.
21 Schnee und Kälte fürchtet sie für ihre Familie nicht,
denn alle im Haus sind auf das Beste mit Kleidung versorgt.
22 Sie fertigt ihre Decken selbst an,
ihre Kleidung besteht aus kostbarem Leinen
und purpurroter Wolle.
23 Ihr Mann ist in der ganzen Stadt hoch angesehen,
wenn er mit den führenden Männern des Landes
in der Ratsversammlung sitzt.
24 Sie stellt feine Hemden her und verkauft sie
und beliefert den Handelsreisenden mit Gürteln.
25 Sie strahlt Stärke und Würde aus,
freudig und zuversichtlich blickt sie in die Zukunft.
26 Was sie sagt, ist weise,
und freundlich gibt sie ihre Anweisungen.
27 Sie überblickt alles, was in ihrem Haus geschieht,
und Faulheit kennt sie nicht.
28 Ihre Söhne erheben sich respektvoll vor ihr und preisen sie,
ihr Mann erhebt sich ebenfalls und rühmt sie:
29 „Es gibt viele tüchtige Frauen,
aber du übertriffst sie alle!“
30 Anmut ist Schein und Schönheit vergeht.
Lob verdient eine Frau, die Ehrfurcht vor dem HERRN hat.
31 Gebt ihr Anerkennung für das, was sie zustande bringt,
lobt sie in der ganzen Stadt für das, was sie leistet!

BIBELGESPRÄCH

(30–45 Minuten). Wählen Sie ggf. unter den Fragen aus.

1. Wie kommt es, dass das Buch der Sprüche gerade mit diesem Text abschließt? Welche „Echos“ aus früheren Kapiteln finden Sie im Text wieder?

2. Was zeichnet die tüchtige Frau aus? Welche Aufgaben hat sie, welche Verantwortlichkeiten?

3. Luther hat diesen Text überschrieben mit „Lob der tüchtigen Hausfrau“ und unter diesem Stichwort ist der Text auch meist bekannt. Finden Sie den Begriff zutreffend für das Bild, das hier gezeichnet wird?

4. Welche Eigenschaften werden besonders gelobt?

5. Welche Rolle spielt ihr Mann, soweit er überhaupt erwähnt wird?

6. Was denken Sie: Ist dieser Text eher Handlungsanweisung für werdende Hausfrauen (also wörtlich zu verstehen) oder Beschreibung der Weisheit schlechthin (also bildlich zu verstehen)? (S. hierzu auch die Erläuterungen.)

7. Wenn man diesen Text nun *auch* als Bild versteht: Welches Bild von Weisheit zeichnet er? (S. die Erläuterungen.)

AUSTAUSCH

(15–30 Minuten). Wählen Sie ggf. unter den Fragen aus. Sie können das Gespräch mit einem gemeinsamen Gebet abschließen.

1. Welches Frauenbild ergibt sich aus diesem Text – bei näherem Hinsehen?

2. Welches Bild von Arbeit ergibt sich? Ist Arbeit nur das, was bezahlt wird und gesellschaftlich anerkannt ist?

3. Wie kann uns die Beziehung zu Gott helfen, unseren täglichen Aufgaben – in welchem Bereich auch immer – fröhlich und selbstbewusst nachzugehen?

4. Wenn man diesen Text auch als Bild für die Weisheit schlechthin versteht (s. o.): Wie wird hier die Botschaft des Sprüchebuchs zusammengefasst? Was davon möchten Sie als Bild im Gedächtnis behalten?

ERLÄUTERUNGEN

Der Text gehört zu den bekanntesten des Sprüchebuchs und ruft **unterschiedliche Reaktionen** hervor: Bei den einen Unmut, weil hier vermeintlich ein überholtes Frauenbild vermittelt werde – bei anderen zumindest augenzwinkernde Zustimmung – und bei wieder anderen Versuche einer ganz neuen, symbolischen Deutung des Textes: Vielleicht gehe es hier gar nicht um eine reale Frau, sondern bildhaft um die Weisheit schlechthin.

Deutet man den Text auf eine reale Person, ist zunächst festzuhalten: Hier wird wohl bewusst ein hohes Ideal formuliert, das für Einzelne kaum zu erreichen ist. Das **Frauenbild**, das dabei entsteht, ist gerade **von äußerster Wertschätzung geprägt**: Diese Frau ist eben kein schüchternes „Heimchen", sondern sie ist wohlhabend (sie hat „Mägde", V. 13) und hat wirtschaftliche und gesellschaftliche Verantwortung für einen Familienbetrieb und dessen gesamtes Haushaltseinkommen (V. 11.13-15.16). Das ist mit dem Kleinfamilien-Hausfrauenbild etwa der 1950er-Jahre nicht zu vergleichen. Der Mann der Frau von Spr 31 wird jedenfalls eher beiläufig erwähnt (V. 23), von stiller Ergebenheit seiner Frau ihm gegenüber wird nicht gesprochen, eher von ihrer eigenen Leitungsverantwortung: Diese Frau hat die Hosen an. Die wichtigste Aufgabe des Mannes scheint darin zu bestehen, seine Frau öffentlich zu loben (V. 28).

Es lässt sich kaum bezweifeln, dass die ersten Leser dieses Textes zur Zeit seiner Abfassung ihn auch genau so verstanden haben: als Beschreibung einer vorbildlichen Frau, die in allen Bereichen ihres Lebens weisheitlich lebt. Auf die Idee, dass damit die Stellung dieser Frau eingeschränkt oder gar abgewertet würde, wären sie niemals gekommen. Darin steckt auch eine **heilsame Korrektur** für unsere heutige Wahrnehmung von Arbeit: Arbeit ist für die Bibel eben nicht nur bezahlte Erwerbsarbeit, sondern alles, was mit Verantwortung verbunden ist. Größere Verantwortung als etwa die Erziehung von Kindern lässt sich kaum denken. Und im Text werden die Aufgaben der Frau ja gerade nicht auf diesen Bereich beschränkt, s. o.

Doch auch für eine **neuere, mehr symbolische Deutung des Textes**, wie sie z. B. von feministischen Auslegerinnen vertreten wird, gibt es Indizien. Demnach wird hier nicht (nur) eine konkrete Frau mit ihren Aufgaben beschrieben, sondern die Weisheit in Person; und an ihrem Handeln lässt sich ablesen, wie weisheitliches Leben aussieht. Dafür spricht u. a.:

- Die **Ausgangsfrage** ist eine echte Frage: **„... wer kann sie finden?“** (V. 10). Vielleicht wird hier also gar nicht nur eine konkrete Person, sondern bewusst ein letztlich unerreichbares Ideal gezeichnet. Das passt zur Kennzeichnung der Weisheit im ganzen Sprüchebuch.
- Der Text steht **am Ende des Sprüchebuchs** und schließt mit einem Echo auf Spr 1,7: V. 30 betont die Ausrichtung der Frau auf Gott. Die ersten Herausgeber des Buches, die gerade diesen Text ans Ende gestellt haben, haben das sicherlich mit Absicht getan – womöglich als bildhafte Zusammenfassung des gesamten Buches.
- Schon in **Spr 9** wird die **Weisheit als Frau** beschrieben, die zum Leben in engem Kontakt mit ihr einlädt. In unserem Text in Spr 31 ist diese Frau nun Ehefrau. Das ist vielleicht kein Zufall, sondern das Bild wird bewusst zweimal aufgegriffen: Wer sich auf das Leben mit dieser „Partnerin“ einlässt (Kap. 9), dessen Leben wird auch dauerhaft gelingen (Kap. 31).

Fazit: Beide Deutungen haben etwas für sich. Sie schließen einander auch nicht aus:

- Zum einen wird hier das ideale weisheitliche Leben noch einmal am Beispiel einer tatkräftigen, klugen und vorsorgenden Frau beschrieben. Wie gesehen ist das Frauenbild, das dabei gezeichnet wird, voller Hochachtung; der Mann spielt hier eher eine Nebenrolle.
- Zum anderen lernt man dabei etwas über das Wesen der Weisheit selbst: Wer mit dieser Art von Weisheit „verheiratet“ ist, dessen Leben wird gut, bis in die konkreten Einzelheiten hinein. Denn Weisheit ist für die Bibel immer alltagstauglich: „Sie ist nicht ein abgehobenes, fernes Ideal für diejenigen, die in ihre Mysterien eingeführt worden sind, sondern ein praktischer, immer gegenwärtiger und treuer Wegweiser und Begleiter für alle, die sich für ihren Weg entscheiden. Ihre Ursprünge liegen bei Gott (8,22-30) und ihre Lehren sind von Gott gesegnet (8,35). Aber ihre Heimat ist in dieser Welt.“ (Roland E. Murphy, *Proverbs*, WBC, Nashville 1988, 250, Übersetzung M. C.)

7 Was bringt's?

Prediger 1,1-18

EINSTIEG

(15–20 Minuten). Wählen Sie bitte eine oder zwei Fragen aus.

1. Kennen Sie Menschen, die stets und ständig gute Laute versprühen? Wie geht es Ihnen in solcher Gesellschaft?

2. Auf einer Skala von 0 = Pessimist bis 10 = Optimist: Wo würden Sie sich einordnen?

3. Passt es besser zu einem Christen, Optimist zu sein oder Pessismist?

4. Wann ist Ihnen menschliches Handeln zuletzt völlig sinnlos vorgekommen? Und wie sind Sie mit diesem Gefühl umgegangen?

BIBELTEXT

Es gibt nichts Neues unter der Sonne

[1] Dies sind die Reden des Predigers, des Sohnes Davids, des Königs zu Jerusa-
lem. [2] Es ist alles ganz eitel, sprach der Prediger, es ist alles ganz eitel. [3] Was
hat der Mensch für Gewinn von all seiner Mühe, die er hat unter der Sonne?
[4] Ein Geschlecht vergeht, das andere kommt; die Erde aber bleibt immer
bestehen. [5] Die Sonne geht auf und geht unter und läuft an ihren Ort, dass
sie dort wieder aufgehe. [6] Der Wind geht nach Süden und dreht sich nach
Norden und wieder herum an den Ort, wo er anfing. [7] Alle Wasser laufen ins
Meer, doch wird das Meer nicht voller; an den Ort, dahin sie fließen, fließen
sie immer wieder. [8] Alles Reden ist so voll Mühe, dass niemand damit zum
Ende kommt. Das Auge sieht sich niemals satt, und das Ohr hört sich nie-
mals satt. [9] Was geschehen ist, eben das wird hernach sein. Was man getan
hat, eben das tut man hernach wieder, und es geschieht nichts Neues unter
der Sonne. [10] Geschieht etwas, von dem man sagen könnte: „Sieh, das ist
neu"? Es ist längst vorher auch geschehen in den Zeiten, die vor uns gewe-
sen sind. [11] Man gedenkt derer nicht, die früher gewesen sind, und derer,
die hernach kommen; man wird auch ihrer nicht gedenken bei denen, die
noch später sein werden.

Auch das Streben nach Weisheit ist eitel

[12] Ich, der Prediger, war König über Israel zu Jerusalem [13] und richtete mein
Herz darauf, die Weisheit zu suchen und zu erforschen bei allem, was man

unter dem Himmel tut. Solch unselige Mühe hat Gott den Menschenkindern
gegeben, dass sie sich damit quälen sollen. 14 Ich sah an alles Tun, das un-
ter der Sonne geschieht, und siehe, es war alles eitel und Haschen nach
Wind. 15 Krumm kann nicht gerade werden, noch, was fehlt, gezählt werden.
16 Ich sprach in meinem Herzen: Siehe, ich bin herrlich geworden und habe
mehr Weisheit als alle, die vor mir gewesen sind zu Jerusalem, und mein
Herz hat viel gelernt und erfahren. 17 Und ich richtete mein Herz darauf, dass
ich lernte Weisheit und erkennte Tollheit und Torheit. Ich war aber gewahr,
dass auch dies ein Haschen nach Wind ist. 18 Denn wo viel Weisheit ist, da
ist viel Grämen, und wer viel lernt, der muss viel leiden.

BIBELGESPRÄCH

(30–45 Minuten). Wählen Sie ggf. unter den Fragen aus.

1. Wie würden Sie den Menschen beschreiben, der diese Worte verfasst hat?

2. Was erfahren wir über ihn aus dem Text (besonders V. 1 und 12; s. auch die Erläuterungen)?

3. Wie begründet der Verfasser seine Ansicht, dass „alles vergänglich und vergeblich" sei? (S. hierzu besonders V. 3-7 und V. 9-11.)

4. Welcher besondere „Frust" drückt sich in V. 8 aus? Inwiefern macht er das zuvor Beschriebene umso schwerer zu ertragen?

5. Warum wird die Weisheit hier auf einmal als Last empfunden (V. 12-13 und 18)? Was ist das Ergebnis des weisen Nachdenkens über die Welt?

AUSTAUSCH

(15–30 Minuten). Wählen Sie ggf. unter den Fragen aus. Sie können das Gespräch mit einem gemeinsamen Gebet abschließen.

1. Was meinen Sie: „Darf" ein so „missmutiger" Text eigentlich in der Bibel stehen? Was ist seine Funktion?

2. Was genau wird in diesem Text bezweifelt: das Wirken Gottes und die Ordnung der Welt – oder unsere Fähigkeit, dies alles zu *verstehen*?

3. Macht es einen Unterschied, dass es im Text heißt: Es ist alles vergeblich, es gibt nichts Neues – *„unter der Sonne"* –, also solange man die Welt von einem rein menschlichen Standpunkt aus anschaut, ohne Bezug auf Gott?

4. Wie liest sich dieser Text vom Neuen Testament her? Was ändert sich, wenn wir wissen, dass Gott selbst in Jesus in diese Welt gekommen ist?

5. Wie viel gesunde Nüchternheit gehört zum Christsein? Worauf bezieht sie sich?

Unser Text eröffnet den kürzeren zweiten Teil unserer Gesprächsreihe und zeigt ein zunächst ganz anderes Gesicht alttestamentlicher Weisheit. Das **Buch Prediger** klingt viel weniger selbstgewiss als das Buch Sprüche. Weisheit besteht hier weniger in prägnanten Einsichten mit direktem Anwendungsbezug, sondern Ausdruck von Weisheit ist zuerst die **Einsicht in die eigene menschliche Begrenztheit**. Wir wissen womöglich viel weniger, als wir dachten, und es ist wichtig, jedenfalls das erst einmal anzuerkennen. Unweise ist, wer sich für klüger hält, als er ist. Der absolute Überblick ist und bleibt Gott vorbehalten.

Deswegen kann unser aktueller Text den Eindruck, **alles menschliche Tun sei vergeblich**, zunächst auch stehen lassen: Wer die Welt *als Mensch* nüchtern anschaut, kann eben zu dem Schluss kommen, dass „alles nichts bringt", weil nichts eine dauerhafte Veränderung bewirkt. Das gilt allerdings nur, solange man die Welt ausschließlich **„unter der Sonne"** betrachtet, also rein aus menschlicher Sicht (V. 9b, wörtlich auch schon V. 3b, s. auch die Luther-Übersetzung). Wie sich die Welt aus Gottes Perspektive darstellt, ist damit noch nicht gesagt (vgl. Eaton, *Ecclesiastes*, zu Pred 1). Das wird im weiteren Verlauf des Buches deutlicher; hier jedoch bleibt es zunächst bei der bewussten Begrenzung auf die „Innenansicht" der Welt.

V. 1.12-13. Autor des Folgenden ist „der Prediger", anders übersetzt „Herr Prediger", was wohl ein bewusstes Stilmittel ist. Der Name ist Programm, er steht weniger für eine bestimmte historische Gestalt als mehr für eine Haltung und Sichtweise. Ähnlich werden schon im Buch der Sprüche „Der Faule" oder „Frau Weisheit" als Personen beschrieben. V. 12 klingt zwar zunächst nach König Salomo, bei genauem Hinsehen liegt aber näher, auch hier von einem Stilmittel auszugehen (s. zur Verfasserfrage auch die *Einführung: Weisheit in der Bibel*). Das Folgende ist demnach das, was ein Salomo zur Vergänglichkeit und Vergeblichkeit menschlichen Tuns gesagt hätte.

V. 2-3. „Alles ist vergänglich" – **„Nichtigkeit der Nichtigkeiten"** übersetzt hier die Elberfelder Bibel und ist damit näher am Urtext. Gemeint ist die höchste Steigerung: „Vergeblicher geht es nicht." Das hebräische *hebel* bedeutet „vergeblich" im Sinne von kurz, unbeständig, leer, wie ein Atemhauch, der sich in Luft auflöst (vgl. Eaton, *Ecclesiastes*, zu Pred 1,2; auch für das Folgende). Dieses *hebel* gilt für „alles", wörtl. übersetzt, für „das Ganze", das ganze menschliche Leben „unter der Sonne" – gemeint ist das ganze Leben, **wenn es ohne Bezug zu Gott gedacht wird** (!). Die Erfahrung von Sinnlosigkeit kennt zwar auch, wer an Gott glaubt – aber diese Erfahrung ist für ihn nicht mehr alles. „Wenn die Perspektive des Glaubens eingeführt wird, gilt der Satz ‚Alles ist vergeblich' immer noch, aber er ist nicht mehr... die ganze Wahrheit." (Eaton, *Ecclesiastes*, zu Pred 1,2, Übersetzung M. C.)

V. 4-7. Die Aussage wird weiter zugespitzt: Das Leben eines Menschen ist kurz, aber **die Welt dreht sich weiter**, als wäre nichts geschehen. Was in V. 2-4 über das menschliche Tun gesagt wurde, wird hier also auf die Schöpfung insgesamt übertragen: Auch wenn die Natur noch so kraftvoll wirken kann, grundsätzlich und auf Dauer bleibt alles beim Alten. Auch das gilt – wieder – „unter der Sonne", rein innerweltlich betrachtet. Ansonsten wird im AT gerade betont, dass die Schöpfung die Handschrift des Schöpfers trägt. „Aber, so der Prediger, nimmt man ihren Gott weg, dann spiegelt die Schöpfung auch nicht mehr seine Herrlichkeit wider; sie verdeutlicht dann nur die Müdigkeit der Menschheit." (Eaton, *Ecclesiastes*, zu Pred 1,5-7, Übersetzung M. C.)

V. 8. Das Problem liegt nicht nur außerhalb des Menschen, im Lauf der Welt und der Wiederkehr des Gleichen, sondern **auch im Menschen selbst**: Er ist trotz aller Bemühungen letztlich nicht fähig, die Welt zu verstehen. Er bleibt ratlos.

V. 9-11. Wenn alles vergeblich ist, ist auch **Hoffnung auf grundlegende Veränderung** fehl am

Platz. Auch was zunächst neu und anders aussieht, entpuppt sich schließlich als schon dagewesen. Das ist nicht einfach eine Aussage über wiederkehrende Moden, sondern Ausdruck grundlegender Verunsicherung: Kann und wird sich am Lauf der Welt wirklich noch einmal etwas ändern? Dass Veränderung möglich ist, ist ja gerade die Hoffnung des ganzen Alten und Neuen Testaments! Diese Hoffnung richtet sich allerdings nicht auf den Menschen, sondern allein auf Gott. Nur er kann echte und dauerhafte Veränderung herbeiführen. Insofern passt die Nüchternheit von Pred 1 gut in den Gesamtzusammenhang der Bibel hinein.

Die Folgerung darf nun nicht sein, die Hände resigniert in den Schoß zu legen. Im NT ist **die Aussicht auf *Gottes* Handeln**, der einmal Himmel und Erde neu schaffen wird, gerade Ansporn, schon jetzt nach den Regeln der neuen Welt zu leben (s. z. B. Röm 13,21; Hebr 13,14). Das ist auf Dauer eine viel robustere Motivation, als sich nur vom (schon sichtbaren) Erfolg des eigenen Tuns abhängig zu machen.

V. 14-18. Die Anspielung auf König Salomo ist kein Zufall: Er gilt als der beispielhaft Weise. Aber selbst solche **Weisheit kann frustrierend sein**: Weil ihr erstes Ergebnis die Einsicht in die Vergeblichkeit menschlichen Tuns ist (V. 14b) – und zwar von Grund auf, ohne dass man daran nachträglich etwas verbessern könnte (V. 15).

So kann der Weise schließlich auch an seiner Weisheit selbst zweifeln: Wenn sie nur den ernüchternden Ist-Zustand beschreibt, wozu ist sie dann eigentlich nütze? Glücklich macht sie jedenfalls nicht (V. 18). Solange Weisheit ein rein menschliches Unternehmen ist, kann sie nur das Problem beschreiben, ohne einen Ausweg zu zeigen: „Der Versuch, das Problem des Lebens durch Weisheit zu lösen, hat das Problem in Wirklichkeit nur vergrößert" (Eaton, *Ecclesiastes*, zu Pred 1,18, Übersetzung M. C.). Es braucht also einen grundlegend neuen Ansatz, den **Blick auf Gott**.

Gerade deswegen kann der Text aber den zunächst (!) **nüchtern-illusionslosen Blick auf die Welt aushalten**. Wer glaubt, muss die Welt nicht schönreden, muss nicht immer fröhlich und optimistisch sein. So hat auch die Gefühlslage von Pred 1 ihren Platz in der Bibel und so auch im Christsein. Auch wer glaubt, wird dem Gefühl der Vergeblichkeit hin und wieder begegnen. Er weiß allerdings, dass dieser Eindruck **nicht das letzte Wort hat** – das hat Gott allein.

8 Alles hat seine Zeit

Prediger 3,1-15

EINSTIEG

(15–20 Minuten). Wählen Sie bitte eine oder zwei Fragen aus.

1. Wann hatten Sie zuletzt den Eindruck, etwas passiert genau zum richtigen Zeitpunkt? Und woran machen Sie das fest?

2. Gibt es auch für tragische und schmerzhafte Ereignisse einen „richtigen Augenblick“?

3. Wann hat Ihnen zuletzt der Gedanke geholfen: Was gerade geschieht, ist zwar schlimm, aber es gehört dazu, so ist eben der Lauf der Welt?

BIBELTEXT

Alles hat seine Zeit

1 Ein jegliches hat seine Zeit, und alles Vorhaben unter dem Himmel hat seine Stunde:

2 geboren werden hat seine Zeit, sterben hat seine Zeit; pflanzen hat seine Zeit, ausreißen, was gepflanzt ist, hat seine Zeit; 3 töten hat seine Zeit, heilen hat seine Zeit; abbrechen hat seine Zeit, bauen hat seine Zeit;

4 weinen hat seine Zeit, lachen hat seine Zeit; klagen hat seine Zeit, tanzen hat seine Zeit; 5 Steine wegwerfen hat seine Zeit, Steine sammeln hat seine Zeit; herzen hat seine Zeit, aufhören zu herzen hat seine Zeit; 6 suchen hat seine Zeit, verlieren hat seine Zeit; behalten hat seine Zeit, wegwerfen hat seine Zeit;

7 zerreißen hat seine Zeit, zunähen hat seine Zeit; schweigen hat seine Zeit, reden hat seine Zeit; 8 lieben hat seine Zeit, hassen hat seine Zeit; Streit hat seine Zeit, Friede hat seine Zeit.

9 Man mühe sich ab, wie man will, so hat man keinen Gewinn davon.

10 Ich sah die Arbeit, die Gott den Menschen gegeben hat, dass sie sich damit plagen. 11 Er hat alles schön gemacht zu seiner Zeit, auch hat er die Ewigkeit in ihr Herz gelegt; nur dass der Mensch nicht ergründen kann das Werk, das Gott tut, weder Anfang noch Ende.

12 Da merkte ich, dass es nichts Besseres dabei gibt als fröhlich sein und sich gütlich tun in seinem Leben. 13 Denn ein Mensch, der da isst und trinkt und hat guten Mut bei all seinem Mühen, das ist eine Gabe Gottes.

14 Ich merkte, dass alles, was Gott tut, das besteht für ewig; man kann nichts dazutun noch wegtun. Das alles tut Gott, dass man sich vor ihm fürchten soll.

15 Was geschieht, das ist schon längst gewesen, und was sein wird, ist auch schon längst gewesen; und Gott holt wieder hervor, was vergangen ist.

1. Wodurch erinnern diese Verse an den Anfang des Predigerbuchs? Welche Themen und Gedanken von Kap. 1 tauchen hier wieder auf, besonders in den Vv. 2-9?

2. Wodurch unterscheiden sich Prediger 3 und 1 aber auch? Ist der Tonfall wirklich der gleiche? Achten Sie z. B. auf Vv. 11 und 14-15.

3. Was ist also die Pointe, nachdem das ganze menschliche Leben unter die Lupe genommen worden ist: Welche Rolle spielt Gott?

4. Wie verstehen Sie den Ausdruck „die Ewigkeit ins Herz gelegt" (V. 11)? Was können irdische Dinge für den Menschen leisten und was nicht?

5. Was folgt daraus im Blick auf die Beziehung zwischen Gott und dem Menschen: Was kann der Mensch über Gottes Handeln wissen, und wo stößt er an Grenzen (V. 11b)?

6. Was wird dem Menschen als Lebenseinstellung empfohlen (V. 12-13)? Was ist der entscheidende Unterschied zwischen dieser Art von Lebensfreude und einer „Alles egal"-Haltung, die sagt: „Lasst uns essen und trinken, denn morgen sind wir tot" (1 Kor 15,32)?

BIBELGESPRÄCH

(30–45 Minuten). Wählen Sie ggf. unter den Fragen aus.

1. Wie würden Sie die Botschaft von Prediger 3 zusammenfassen: Die Welt hat ihren Rhythmus, wir durchschauen ihn nicht immer – aber ...

2. Tröstet Sie das angesichts von Dingen im Leben, die Sie nicht verstehen?

3. Warum ist es hilfreich, wenn wie in den Vv. 1-8 Gutes und Schlechtes erst einmal beim Namen genannt und in ein großes Ganzes eingeordnet werden? Warum kann das tröstlicher sein, als das Unangenehme einfach auszublenden?

4. „Die Ewigkeit ins Herz gelegt" – passt das zu Ihrem Lebensgefühl? Kennen Sie das Empfinden, „die Welt ist irgendwie nicht genug" – weil Menschen auf die Ewigkeit hin geschaffen sind?

5. Ist das auch ein Gedanke, über den man mit Menschen ins Gespräch kommen kann, die noch nicht glauben? Haben Sie damit schon Erfahrungen gemacht?

AUSTAUSCH

(15–30 Minuten). Wählen Sie ggf. unter den Fragen aus. Sie können das Gespräch mit einem gemeinsamen Gebet abschließen.

V. 1 bildet die Überschrift und ist wohl ein **bewusstes Echo auf Kap. 1**: Nichts Neues unter der Sonne? Alles unter der Sonne hat seine Zeit! Und auch wenn Unangenehmes und Schmerzhaftes dazugehören: Die pessimistische Perspektive von Kap. 1 ist jetzt durchbrochen. Der Prediger bleibt nicht länger allein bei dem, was „unter der Sonne" erkennbar ist, sondern richtet seinen Blick auch nach oben auf das, was Gott tut (s. u.). Die Haltung von Pred 3 ist demnach nüchtern, aber nicht schicksalsergeben oder gar verzweifelt, sondern getragen von dem Grundvertrauen, dass Gott den Überblick und die Kontrolle hat: „Es wird regiert" (Karl Barth).

V. 2-8. Das **ganze menschliche Leben** wird nun abgeschritten. Privater und persönlicher sowie öffentlich-politischer Rahmen werden im Wechsel angeführt: Alles hat seine Zeit, genauer übersetzt seinen passenden und angemessenen Zeitpunkt. Damit wird nicht etwa der Unterschied zwischen richtigem und falschem Verhalten verwischt oder relativiert, sondern es wird zunächst einmal *beschrieben*, was in der Welt alles geschieht und in welchem Rhythmus:

- **V. 2-3.** Die grundlegenden Lebensereignisse: **Geburt und Tod**; außerdem menschliche Aktivitäten, die entweder aufbauend und schöpferisch oder zerstörend wirken können.
- **V. 4.** Die grundlegenden **Gefühle**, Freude und Schmerz, Lachen und Trauer.
- **V. 5.** Steine sammeln – bezieht sich wohl auf das Freiräumen des Wegs in Vorbereitung auf die Ankunft eines großen Heerführers; Steine wegwerfen (bzw. „ausstreuen") bezieht sich demnach auf die Zerstörung eines Felds im Krieg (vgl Eaton, *Ecclesiastes*, zu Pred 3,5).
- **V. 6-7.** Suchen und verlieren, behalten und wegwerfen beziehen sich auf den Umgang mit Besitz; zerreißen und zunähen stehen wohl für zerstörerische und konstruktive bzw. aufbauende und heilende Verhaltensweisen allgemein.
- **V. 8.** Entsprechend allgemein und grundlegend schließt die Aufzählung: lieben und hassen, Streit und Frieden.

V. 9-11 kommentieren, was bisher beschrieben wurde: Denkt man rein von den eigenen menschlichen Möglichkeiten her, bleibt man ernüchtert: Viel bringt der Mensch nicht zuwege (V. 9.10a). Aber im Gegensatz zu Kap. 1 (s. o.) hebt der Prediger jetzt seinen Blick und **sieht auf Gott** (V. 10-11a). Seine Einsicht lautet nun: Gott hat die Welt gar nicht so konstruiert, dass sie allein den Menschen zufriedenstellen könnte. Nur in der Ewigkeit bei Gott kommt menschliches Fragen und Suchen zur Ruhe (V. 11). Das erinnert an den berühmten Satz aus den „Bekenntnissen" des Kirchenvaters Augustin: „O Gott, du hast uns zu dir hin geschaffen, und unruhig ist unser Herz, bis es Ruhe findet in dir." (Vgl. auch Eaton, *Ecclesiastes*, zu Pred 3,11.)

V. 12-15. Zwei Folgerungen ergeben sich für den Prediger:

1) **Demütig die eigenen Grenzen anerkennen.** Wir verstehen nicht immer alles und wir schaffen auch nicht alles, was wir uns vornehmen – weil wir nur Menschen sind und nicht Gott. Das allerdings macht den Prediger nicht etwa niedergeschlagen, sondern eben demütig vor Gott (V. 14-15). Im Vertrauen auf ihn lässt sich auch mit den eigenen menschlichen Grenzen gut leben.
2) Froh und mit Zuversicht, **dankbar und genussvoll vor Gott leben** (V. 12-13). Sich an dem freuen, was Gott uns schenkt, auch an dem Kleinen und sehr Irdischen – gut essen und trinken und mit Freude das tun, was man gut kann. Auch das ist weisheitliches Leben vor Gott.

Der Text versöhnt so das Gefühl der Ernüchterung von Kap. 1 mit dem zuversichtlichen Blick auf Gott: Auch wer auf Gott schaut, darf zugeben, dass er nicht immer alles versteht, auch er darf gelegentlich frustriert sein. Er weiß allerdings zugleich, dass nicht sein Eindruck der Ernüchterung, sondern allein Gott das letzte Wort hat. Prediger 3 verweist damit „unter der Oberfläche" auch auf das Neue Testament vor: Da berührt die Ewigkeit, die Gott dem Menschen ins Herz gelegt hat, die Zeit – in der Person von Jesus Christus.

Mit offenen Fragen gut leben

Prediger 9,1-10

9

EINSTIEG

(15–20 Minuten). Wählen Sie bitte eine oder zwei Fragen aus.

1. Wann hat es Sie zuletzt gestört, dass es guten Menschen manchmal schlechter geht, als sie es verdient hätten (und umgekehrt)?

2. Kennen Sie den Film „Der Club der toten Dichter“? Im Mittelpunkt des Films steht das Motto des Existenzialismus: *Carpe Diem* – nutze den Tag (denn dein Leben ist irgendwann vorbei). Halten Sie das für ein sinnvolles Lebensmotto?

3. Können Sie gut genießen? Finden Sie, dass Genießen-Können eine typische Eigenschaft von Christen ist oder sein sollte?

BIBELTEXT

Aufruf zur Freude trotz der Eitelkeit des Lebens

1 Denn ich habe das alles zu Herzen genommen, um dies zu erforschen: Ge-
rechte und Weise und ihr Tun sind in Gottes Hand. Auch über Liebe und Hass
bestimmt der Mensch nicht; alles ist vor ihm festgelegt.
2 Es begegnet dasselbe dem einen wie dem andern: dem Gerechten wie
dem Gottlosen, dem Guten und Reinen wie dem Unreinen; dem, der opfert,
wie dem, der nicht opfert. Wie es dem Guten geht, so geht's auch dem Sün-
der. Wie es dem geht, der schwört, so geht's auch dem, der den Eid scheut.
3 Das ist das Unglück bei allem, was unter der Sonne geschieht, dass es
dem einen geht wie dem andern. Und dazu ist das Herz der Menschen voll
Bosheit, und Torheit ist in ihrem Herzen, solange sie leben; danach müssen
sie sterben.
4 Denn wer noch bei den Lebenden weilt, der hat Hoffnung; denn ein le-
bender Hund ist besser als ein toter Löwe. 5 Denn die Lebenden wissen,
dass sie sterben werden, die Toten aber wissen nichts; sie haben auch kei-
nen Lohn mehr, denn ihr Andenken ist vergessen.
6 Ihr Lieben und ihr Hassen und ihr Eifern ist längst dahin; sie haben kein
Teil mehr auf der Welt an allem, was unter der Sonne geschieht.
7 So geh hin und iss dein Brot mit Freuden, trink deinen Wein mit gutem
Mut; denn dies dein Tun hat Gott schon längst gefallen. 8 Lass deine Kleider
immer weiß sein und lass deinem Haupte Salbe nicht mangeln. 9 Genieße
das Leben mit deiner Frau, die du lieb hast, solange du das eitle Leben hast,
das dir Gott unter der Sonne gegeben hat; denn das ist dein Teil am Leben
und bei deiner Mühe, mit der du dich mühst unter der Sonne.

10 Alles, was dir vor die Hände kommt, es zu tun mit deiner Kraft, das tu; denn bei den Toten, zu denen du fährst, gibt es weder Tun noch Denken, weder Erkenntnis noch Weisheit.

BIBELGESPRÄCH

(30–45 Minuten). Wählen Sie ggf. unter den Fragen aus.

1. Welches Gefühl spricht aus diesem Text: Frustration? Freude? Oder etwas dazwischen?

2. Im Buch der Sprüche begegnet oft die Überzeugung: Wie du lebst, so geht es dir auch. Welche andere Überzeugung drücken dagegen V. 2 oder 3 aus?

3. Fallen Ihnen noch andere biblische Bücher oder Texte ein, die den „Tun-Ergehen-Zusammenhang“ (dem Guten geht es gut, dem Bösen schlecht) infrage stellen?

4. Wie wird in diesem Text der Tod gesehen und was folgt daraus für den Wert unseres irdischen Lebens? Wie unterscheidet sich das Buch Prediger damit von der Hoffnung des Neuen Testaments?

5. Wozu ermutigen V. 7-10? Was unterscheidet auch diesen Abschnitt von der Haltung eines Menschen, der in seinem Leben gar keinen Sinn erwartet und es daher wenigstens etwas genießen möchte?

6. Wie passt die Ermutigung von Pred 3,7-10 zu der Überzeugung von Paulus, dass ohne Hoffnung über den Tod hinaus auch das Christsein keinen Sinn hat? Lesen Sie dazu auch 1 Kor 15,16-19.

1. Wie gehen Sie damit um, dass sich ein Leben nach Gottes Maßstäben in dieser Welt nicht immer „auszuzahlen“ scheint?

2. Welche Rolle spielt dabei die Hoffnung des Neuen Testaments, die auch über die Grenzen dieses Lebens hinausgeht?

3. Die Vv. 7 bis 10 ermutigen dazu, dankbar und genussvoll zu leben, und nennen dabei unterschiedliche Lebensbereiche. In Ihrem Leben: Wo fällt Ihnen dies leicht und wo nicht so sehr?

4. Woran liegt es, dass manche Christen das Genießen geradezu verdächtig finden? Was würden Sie ihnen nach dem Lesen des heutigen Textes antworten?

AUSTAUSCH

(15–30 Minuten). Wählen Sie ggf. unter den Fragen aus. Sie können das Gespräch mit einem gemeinsamen Gebet abschließen, in dem Sie auf mögliche Fragen und Anliegen Bezug nehmen, die im Gespräch deutlich geworden sind.

ERLÄUTERUNGEN

V. 1-2. Der Text beginnt mit einer **Selbstauskunft**: Ich habe gründlich nachgedacht, und das Folgende ist mein vorläufiges Fazit. Wie schon zuvor (s. o. Kap. 3) sind Ernüchterung und demütige Zuversicht darin eng miteinander verbunden:
Gerechte und Weise sind beide in Gottes Hand. Das heißt zum einen, dass Gott das letzte Wort hat und nichts einfach zufällig geschieht. Es heißt zum andern aber auch, dass es für einen Menschen nicht immer durchschaubar ist, warum es ihm ergeht, wie es ihm ergeht. Es lässt sich jedenfalls **nicht nach Art des „Tun-Ergehen-Zusammenhangs“ verrechnen**, wie er im Sprüche-Buch häufig anklingt: Dem Gerechten geht es gut, den Ungerechten wird sein Schicksal irgendwann ereilen. Das wird hier in Pred 9 und auch anderen Stellen in der Bibel mehrfach infrage gestellt, am deutlichsten im Buch Hiob.

V. 3. Dass dies so ist, wertet der Prediger als **„Unglück“**, er hätte es lieber anders: Denn der Mensch ist nun einmal nicht nur gut, sondern auch böse und noch dazu töricht und unweise: Da wäre es doch wünschenswert, wenn die Fehler seines Handelns wenigstens unmittelbar auf ihn zurückfielen. – Die Auseinandersetzung mit dem „Tun-Ergehen-Zusammenhang“ ist damit im AT letztlich unabgeschlossen bzw. **aufs NT hin offen**: Es muss nach diesem Leben noch eine Instanz geben, die den Gerechten ins Recht setzt und das Unrecht des Ungerechten beim Namen nennt.

V. 4-6 Für den Prediger kommt es dagegen noch **allein auf dieses Leben an**, das irdische Leben vor dem Tod. Hund und Löwe lassen sich vergleichen mit dem sprichwörtlichen Spatz in der Hand statt der Taube auf dem Dach – mit dem entscheidenden Unterschied, dass der Hund im AT als minderwertiges, unreines Tier gilt, was die Gegenüberstellung noch provokanter macht.

V. 7-10. Die Schlussfolgerung: **Lebe dieses Leben bewusst und mit Genuss** – allerdings nicht wie jemand, der ohne Gott lebt und sich selbst als letzte Instanz betrachtet und der nun versucht, einer leeren, gottlosen Welt zumindest ein wenig Genuss abzutrotzen. Sondern als jemand, der **alles Gute als Geschenk und Verpflichtung von Gott** empfängt.

Unser Text ist hier erfrischend irdisch und konkret: gutes Essen und Trinken (V. 7), weiße Kleidung und Salböl als Erfrischung im heißen Wüstenklima, (V. 8) die Ehe zwischen Mann und Frau (V. 9) und auch Kreativität und aktives Gestalten im Beruf (V. 10).

Die Ermunterung wird am Ende geradezu zur Anordnung (V. 10a): Genieße dein Leben und gestalte es aktiv im Gespräch mit Gott, lass dich nicht einfach treiben.

Das ist unter den Bedingungen des Lebens vor dem Tod die beste Anregung, die sich denken lässt. Sie wird durch die **neutestamentliche Hoffnung** auf die Auferstehung letztlich nur noch **verstärkt**: Was du tust, hat eine Bedeutung, gerade weil dein Leben nicht an der Grenze des Todes zu Ende ist. Denn die Perspektive auf die Ewigkeit macht dieses Leben nicht etwa unwichtig, sondern sie hilft gerade, innerhalb dieses Lebens zwischen Wichtigem und Unwichtigem zu unterscheiden.

Das letzte Wort

Prediger 12,1-14

10

1. Wenn Sie daran denken, dass Sie einmal alt sein werden – worauf freuen Sie sich, was beunruhigt Sie?

2. Wie kommt es, dass manche Menschen im Alter eher freundlicher, andere eher missmutiger werden? Kann man frühzeitig etwas dafür tun, dass man nicht verbittert?

3. Was wissen Sie heute, was Sie gerne schon viel früher im Leben begriffen hätten?

EINSTIEG

(15–20 Minuten). Wählen Sie bitte eine oder zwei Fragen aus.

BIBELTEXT

1 Denk an deinen Schöpfer in deiner Jugend, ehe die bösen Tage kommen
und die Jahre sich nahen, da du wirst sagen: „Sie gefallen mir nicht";
2 ehe die Sonne und das Licht, Mond und Sterne finster werden
und Wolken wiederkommen nach dem Regen, –
3 zur Zeit, wenn die Hüter des Hauses zittern und die Starken sich krümmen
und müßig stehen die Müllerinnen, weil es so wenige geworden sind,
und wenn finster werden, die durch die Fenster sehen,
4 und wenn die Türen an der Gasse sich schließen, dass die Stimme der
Mühle leiser wird, und wenn sie sich hebt, wie wenn ein Vogel singt,
und alle Töchter des Gesanges sich neigen;
5 wenn man vor Höhen sich fürchtet und sich ängstigt auf dem Wege,
wenn der Mandelbaum blüht und die Heuschrecke sich belädt
und die Kaper aufbricht; denn der Mensch fährt dahin, wo er ewig bleibt,
und die Klageleute gehen umher auf der Gasse; –
6 ehe der silberne Strick zerreißt und die goldene Schale zerbricht und der
Eimer zerschellt an der Quelle und das Rad zerbrochen in den Brunnen fällt.
7 Denn der Staub muss wieder zur Erde kommen, wie er gewesen ist,
und der Geist wieder zu Gott, der ihn gegeben hat.
8 Es ist alles ganz eitel, spricht der Prediger, ganz eitel.

Nachwort über den Prediger

9 Es bleibt noch übrig zu sagen: Der Prediger war ein Weiser und lehrte auch
das Volk gute Lehre, und er erwog und forschte und dichtete viele Sprüche.
10 Er suchte, dass er fände angenehme Worte und schriebe recht die
Worte der Wahrheit. 11 Die Worte der Weisen sind wie Stacheln, und wie

eingeschlagene Nägel sind die einzelnen Sprüche; sie sind von einem Hir-
ten gegeben.
12 Und über dem allen, mein Sohn, lass dich warnen; denn des vielen Bü-
chermachens ist kein Ende, und viel Studieren macht den Leib müde.
13 Lasst uns die Hauptsumme aller Lehre hören: Fürchte Gott und halte
seine Gebote; denn das gilt für alle Menschen. 14 Denn Gott wird alle Werke
vor Gericht bringen, alles, was verborgen ist, es sei gut oder böse.

BIBELGESPRÄCH

(30–45 Minuten). Wählen Sie ggf. unter den Fragen aus.

1. Warum wird in V. 1a empfohlen, schon „in der Jugend“ an Gott zu denken? Was passiert, wenn man es nicht tut?

2. Was ist mit Licht und Dunkelheit in V. 2 gemeint, was mit den „Türen des Hauses“ in V. 3 und was mit den verschiedenen Bildern in V. 4? (S. hierzu auch die Erläuterungen.)

3. Wie werden die Verfallserscheinungen, die zuvor beschrieben wurden, in V. 5b begründet?

4. Welches „Echo“ findet sich in V. 8? Warum steht dieser Satz ausgerechnet hier noch einmal – welche Funktion hat dies für den Gedankengang des Abschnitts? (S. hierzu auch die Erläuterungen.)

5. Wie wird der Prediger abschließend beschrieben (V. 9)? Welche beiden Fähigkeiten eines guten Redners (oder Lehrers) verbindet er (V. 10)?

6. Warum wird zum Abschluss vor dem „vielen Büchermachen“ gewarnt (V. 12)?

7. Was ist die Schlusspointe des Buches – und wie wird sie begründet (V. 13-14)?

1. Wann begann Ihr bewusster Weg mit Gott? Oder beginnt er vielleicht gerade erst?

2. Haben Sie sich schon gefragt: Warum habe ich nicht schon früher angefangen, mich auf Gott zu verlassen?

3. Wie wird man als Christ am besten alt? Was kann uns helfen, im Alter trotz aller Einschränkungen gut und dankbar zu leben?

4. Wie schafft man es, so wie der Prediger „angenehmes“ und „rechtes“ (richtiges) und wahrhaftiges Reden miteinander zu verbinden? Haben Sie dafür Vorbilder?

5. Welche Bücher möchten Sie gern noch lesen, die Sie auf Ihrem Weg mit Gott weiterbringen können? (Und welche anderen Bücher sind im Vergleich dazu nicht ganz so dringend?)

6. Hilft Ihnen der Gedanke, dass wir vor Gott für unser Leben verantwortlich sind, bewusst und überlegt zu handeln? Oder beunruhigt Sie der Gedanke eher? Wie hilft Ihnen hier der Blick auf Jesus?

AUSTAUSCH

(15–30 Minuten). Wählen Sie ggf. unter den Fragen aus. Sie können das Gespräch mit einem gemeinsamen Gebet abschließen.

V. 1a. Der Text beginnt mit einer Aufforderung: **Fang früh genug an**, dein Leben in der Orientierung an Gott zu führen! Damit wird die Ermutigung zur Entspannung und Dankbarkeit in Kap. 11 ergänzt und kommentiert: „Der Prediger hat immer wieder das Leben des Glaubens als ein Leben voller Freude und Genuss beschrieben (...) Jetzt stellt er einen anderen Aspekt dar: Wo man Gott vernachlässigt hat, geht auch die Fähigkeit sich zu freuen verloren" (Eaton, *Ecclesiastes*, zu Pred 12,1, Übersetzung M.C.).

V. 1b-5. Der Grund der Warnung vom Anfang des Textes: Wer sich nicht früh genug auf Gott ausrichtet, der erlebt auch das **Älterwerden nur als Abwärtsbewegung**: Alles wird immer schlimmer. Der Abschnitt wechselt dabei zwischen bildhafter und direkter Beschreibung von Kennzeichen des Alters:

- **V. 2 Nachlassendes Licht** und wachsende Dunkelheit können sich auf das Augenlicht beziehen, aber auch wie häufiger im AT ganz allgemein die nachlassende Fähigkeit zur Freude bezeichnen; s. z. B. Hes 13,11-12 (vgl. Eaton, *Ecclesiastes*, zu Pred 12,2-5, auch für das Folgende).
- **V. 3.** Mit den „Hütern des Hauses" sind wohl die Arme, mit den „Starken" die Beine gemeint; die „Müllerinnen" stehen für die Zähne (was für ein plastisches Bild!) und „die durch die Fenster sehen" für die Augen.
- **V. 4.** In ähnlicher Weise steht auch das große Haus, das verfällt, ganz allgemein für **körperlichen Verfall** und nachlassende Kräfte.
- **V. 5a.** Hier wird wieder unmittelbar und nicht mehr bildhaft beschrieben, was typisch für das Alter ist: die Furcht vor großen Höhen und vor beschwerlichen Reisen.
- **V. 5b.** Die zweite Hälfte des Verses erklärt, warum dies alles so ist: Der alte Mensch ist auf dem Weg dorthin, „wo er ewig bleibt", also **auf dem Weg zum Tod.**

V. 6-7. Folgerichtig wird nun der Endpunkt des Weges benannt: **das Sterben selbst.** Strick, Schale, Eimer, Rad – das Zerreißen oder Zerbrechen dieser Gegenstände steht jeweils bildlich für das endgültige Aus, das Ende des Lebens. Folgendes fällt dabei auf:

- **V6-7a.** Wie auch andernorts in der Bibel wird ausgesprochen **nüchtern vom Tod gesprochen** – zwar in Bildern, aber nicht verschleiernd, sondern mit klarer Einsicht in die Endgültigkeit des Todes: Der Mensch (hebr. *Adam*), der aus dem Staub der Erde (hebr. *Adamah*) geschaffen worden ist, muss am Ende wieder zu Staub werden.
- **V. 7b** spricht von der **Rückkehr des Geistes zu Gott.** Daraus lässt sich nicht ableiten, dass der Geist des Menschen etwa ein (gar unsterbliches) Eigenleben auch abseits vom Körper hätte. Sondern so wie erst durch Gottes schöpferischen Geist das Geschöpf zum Leben erwacht, so verliert es sein Leben, wenn Gott ihm diesen Geist wieder entzieht (vgl. Ps 104,29-30).

V. 8 bildet die **Schlusspointe** und wiederholt den Grundgedanken von Kap. 1: Dass das Leben mit dem Tod endet, dass am Ende alles verfällt und endgültig vorbei ist, das ist der schlagende Beweis für seine Vergeblichkeit – **wenn** das Leben allein „unter der Sonne" betrachtet, wenn es also ohne Verbindung mit Gott gelebt wird. Deswegen ermahnt der Prediger ja gerade zu Beginn von Kap. 12, sich früh genug im Leben auf Gott auszurichten.

Bleibt die Frage, was genau sich denn ändert, wenn man dieses Leben, das doch mit dem Tod endet, als Leben vor Gott führt. Der Prediger würde antworten: Dann führt man es von Anfang an sinnvoll, bewusst, dankbar, im Einklang mit den eigenen Grenzen und in dem Bewusstsein: Gott ist Gott, und ich bin es nicht. Das ist viel wert.

Aus Sicht des Neuen Testaments können wir hier aber einen entscheidenden Schritt weitergehen. Denn seit Jesus auferstanden ist, wissen wir, dass der Tod nicht das letzte Wort hat. „Ich lebe, und ihr sollt auch leben", sagt Jesus seinen Jüngern zu (Joh 1,14-19). Wer im Vertrauen auf Jesus Christus lebt, lebt in der Gewissheit, dass die Verbindung zu Gott auch nach dem Tod hält, er lebt mit der Aussicht auf die Ewigkeit bei Gott. Gerade das hilft, das eigene Leben schon vor dem Tod anders zu leben, ganz im Sinne des Predigers: dankbar, entspannt, wohlüberlegt und bewusst – in dem Wissen, dass danach die Ewigkeit wartet.

V. 9-14 ist das **Nachwort** des gesamten Buches. Der Prediger wird abschließend kurz beschrieben und seine Botschaft noch einmal knapp zusammengefasst.

V. 9-10. Die Verse verraten wieder (fast) nichts über den historischen Ort des Predigers, dafür aber über **seine Fähigkeiten und die Resonanz** bei seinen Hörern: Er schafft es, zugleich „angenehm" und „recht" bzw. wahrheitsgemäß von Weisheit zu sprechen. Beides ist für die alttestamentliche Weisheit wichtig – richtige und hilfreiche Einsichten so zu vermitteln, dass sie auch gehört und verstanden werden.
Kaum allerdings lässt sich aus diesen Sätzen schließen, dass der Prediger ein „professioneller" Weisheitslehrer war; ob es diesen Berufsstand in Israel in dieser Form gab, ist ohnehin umstritten.

V. 11 beschreibt die Funktion weisheitlichen Redens, wo es im Sinne Gottes geschieht: Es hat „Stacheln", d.h. es **„stachelt an"**, es regt nicht nur zum Nachdenken an, sondern verändert das Verhalten von Menschen. Wo das gelingt, haben die Worte weiser Menschen letztlich nur *eine* Quelle – nämlich den „einen Hirten" – gemeint ist hier wohl Gott selbst als der Urheber und die Quelle aller wahren Weisheit.

V. 12 ist beliebt bei Studierenden aller Art... Gemeint ist aber wohl nicht einfach, dass zu viel Studieren körperlich müde machen kann, sondern auch, dass **nicht alles gleichermaßen wichtig ist**, was gesagt und geschrieben wird. Nicht alles hilft uns auf unserem Weg mit Gott weiter. Das spricht direkt in unsere Gegenwart: Denn unser Problem heute ist ja kaum, dass wir zu wenig Lesestoff hätten; es ist eher das, herauszufinden, *welche* Informationen sich lohnen, mit welcher Lektüre wir Zeit verbringen sollten.

V. 13-14. Das Buch schließt mit einer **grundsätzlichen weisheitlichen Mahnung**, die wieder ganz im Einklang etwa mit dem Sprüche-Buch ist: Die Orientierung an Gott ist entscheidend, denn wir sind vor Gott für unser Leben verantwortlich.
Manche Kommentatoren haben vermutet, dass diese Sätze eine erst spätere Ergänzung zum Buch Prediger sind, um es weisheitlich unmissverständlicher und „besser verdaulich" zu machen. Dafür gibt es aber keinen Beleg im Text selbst. Versteht man stattdessen die Nüchternheit z.B. von Kap. 1 oder Kap. 12 des Buches als die Darstellung eines Lebens noch *ohne* Gott, so nüchtern und schonungslos wie möglich, dann passt die Mahnung von Pred 12,13-14 sehr gut als Zusammenfassung des ganzen Buches.

Quellennachweise

Matthias Augustin / Jürgen Kegler: *Bibelkunde des Alten Testaments. Ein Arbeitsbuch,* Gütersloher Verlagshaus [3]1987

Michael Eaton: Ecclesiastes, *Tyndale Old Testament Commentaries* (TOTC), IVP Academic 2009

Derek Kidner: Proverbs, *Tyndale Old Testament Commentaries* (TOTC), IVP Academic 2009

Roland E. Murphy, *Proverbs,* Word Biblical Commentary (WBC), Nashville 1988

Alles rund um SERENDIPITY
und weitere tolle Anregungen finden Sie auf:
www.brunnen-verlag.com

Notizen

Notizen

Gordon D. Fee und
Douglas Stuart

Effektives Bibelstudium

Die Bibel verstehen und auslegen

384 Seiten, gebunden
ISBN 978-3-7655-0602-4

„Die Bibel – ein Buch mit sieben Siegeln? Dieses altbekannte Vorurteil wird auf jeder Seite dieses Buches widerlegt. Bibellesen wird spannend, wenn man die Texte richtig versteht und weiß, wie sie auszulegen und anzuwenden sind. Was hat der Text seinen ursprünglichen Lesern gesagt? Und was bedeutet er für uns heute? Um diese zwei Fragen zu beantworten, muss man wissen, was für einen Text man vor sich hat: Ein Gedicht ist kein historischer Bericht, und ein historischer Bericht ist kein für alle Zeiten verbindlicher Gesetzestext. Evangelien, Gleichnisse, Offenbarung – ‚Effektives Bibelstudium' stellt die verschiedenen Textgattungen der Bibel vor und zeigt anschaulich, wie sie zu verstehen sind. Das Buch, das man braucht, um die ‚sieben Siegel' der Bibel zu brechen – damit Bibellesen Freude bringt und nicht in die Irre führt."

Otto Ziegelmeier auf theology.de

N.T. Wright: Bibelkommentare *für heute*

Die Bibel, erklärt und ausgelegt von N.T. Wright. Intelligent, aber nicht hochgestochen. Eingängig, aber nicht zu simpel. Die einzelnen Bibelabschnitte werden verständlich vor dem Hintergrund dessen, was wir heute über Jesus und seine Zeit wissen. Und sie werden lebendig für das Leben mit Jesus heute.

Bisher sind folgende Bände erschienen:
Matthäus 1 und 2
Markus
Lukas
Johannes 1 und 2
Apostelgeschichte 1 und 2
Römer 1 und 2
Galaterbrief, 1. und 2. Thessalonicher
Die Gefangenschaftsbriefe (Epheser, Philipper, Kolosser, Philemon)
1. und 2. Timotheus, Titus
Hebräerbrief
Offenbarung

N.T. Wright ist international einer der einflussreichsten Theologen der Gegenwart. Und er kann sich so klar ausdrücken, dass ihn jeder Leser verstehen kann. Inzwischen hat er alle 27 Bücher des Neuen Testaments kommentiert. Wer sich selbstständig mit der Bibel und ihrer praktischen Relevanz „für heute“ befassen will, ist hier an der richtigen Adresse.

Prof. Dr. Armin Baum, Freie Theologische Hochschule Gießen